学前教育专业艺术素养系列教材
XUEQIAN JIAOYU ZHUANYE YISHU SUYANG XILIE JIAOCAI

舞蹈与幼儿舞蹈创编

WUDAO YU YOUER WUDAO CHUANGBIAN

主　编：王　芳　黄　莹　陈建波
副主编：杨晓玲
参　编：杨　杉　胡　欣

北京师范大学出版集团
BEIJING NORMAL UNIVERSITY PUBLISHING GROUP
北京师范大学出版社

图书在版编目（CIP）数据

舞蹈与幼儿舞蹈创编/王芳，黄莹，陈建波主编. —北京：北京师范大学出版社，2022.1（2025.9重印）
ISBN 978-7-303-27375-1

Ⅰ.①舞… Ⅱ.①王… ②黄… ③陈… Ⅲ.①学前儿童－舞蹈训练－职业教育－教材 Ⅳ.①G613.5

中国版本图书馆 CIP 数据核字（2021）第 220937 号

出版发行：北京师范大学出版社 https：//www.bnupg.com
　　　　　北京市西城区新街口外大街 12-3 号
　　　　　邮政编码：100088
印　　刷：三河市兴达印务有限公司
经　　销：全国新华书店
开　　本：890 mm×1240 mm　1/16
印　　张：11
字　　数：220 千字
版　　次：2022 年 1 月第 1 版
印　　次：2025 年 9 月第 4 次印刷
定　　价：38.50 元

策划编辑：姚贵平　余娟平　　　责任编辑：陈佳宵　钱君陶
美术编辑：焦　丽　　　　　　　装帧设计：焦　丽
责任校对：陈　民　　　　　　　责任印制：马　洁

前　言

百年大计，教育为本。在习近平新时代中国特色社会主义思想的指导下，学前教育事业不断取得新进展。学前教育是国民教育体系的一个重要组成部分，是基础教育的奠基阶段。学前教育专业是培养幼儿园教师职前素质能力的必修专业，在《教师教育课程标准（试行）》的文件中，提到幼儿园职前教师教育课程目标是："要帮助未来教师充分认识幼儿阶段的特性和价值，理解'保教结合'的重要性，学会按幼儿的成长特点进行科学的保育和教育；理解幼儿的认知特点和学习方式，学会把教育寓于幼儿的生活和游戏中，创设适宜的教育环境，保护与发展幼儿探究、创造的兴趣，让幼儿在愉快的幼儿园生活中健康地成长。"幼儿教育的大发展必须以建设一支高素质的幼儿教师队伍为前提，舞蹈是幼儿教师必备的重要素质之一。

《舞蹈与幼儿舞蹈创编》针对学前教育专业学生的学习特点、现阶段的认知水平、职业生涯发展目标和我国幼儿教师的培养目标，选择内容、设计体例，强调适宜性与实用性。教材内容主要包括四个方面：基础理论、舞蹈基础训练、民族民间舞训练、幼儿舞蹈创编。学生通过理论学习，了解舞蹈的基础理论知识；通过基础训练，提高身体素质并掌握幼儿舞蹈基础训练方法；通过民族民间舞训练，基本掌握我国各民族舞蹈的风格、体态和动作特征，丰富舞蹈语汇；通过学习幼儿舞蹈创编，掌握幼儿舞蹈创编技巧，组织幼儿各项教育活动，实现专业与职业岗位的有效对接。

教材中还配套了相关的微课、舞蹈示范视频、教学课件等供学生参考，教学内容丰富详尽，针对性强。在每单元前面列出了学习目标，供学生学习时把握重点；每一节结束都有学习反思和拓展学习，用于记录学生学完后的所思所想，开阔视野、拓展知识面，全面提高教学质量。本教材无论是作为一般性的舞蹈教材，还是作为学前教育专业舞蹈教材，都具有广泛的适用性、针对性和规范性。

我们结合幼儿园的实际需求与《教育部关于大力推进教师教育课程改革的意见》，把学前教育专业的舞蹈课程所要达到的目标能力进行浓缩和提炼，最后得出三位一体的综合能力：教学、创编、表演。"教、编、演"的综合能力是学前舞蹈教育当中所有能力的总结性概括，通过本教材进行阶梯式的学习和训练，能全面掌握三位一体的舞蹈实践能力，用启发性的语言引导学生从多角度去欣赏舞蹈，感受舞蹈，学会转化优秀作品蕴含的知识为己所用，学会将舞蹈作为组织幼儿教育活动手段，同时达到长期提高自身舞蹈能力的目标。

　　总之，本书的编写继承了同类教材的优良传统，也集结和吸纳了一线教师的智慧与经验，在教材内容的设计上力求与时俱进，与素质教育相结合，以促进我国学前教师教育工作的开展和教学质量的提高，更进一步推动我国学前教育事业的可持续发展。教材中舞蹈动作示范由襄阳职业技术学院学前教育专业学生叶紫荆、陈诗怡、王璐瑶、张辰飏、夏紫瑶等完成，拓展视频由武汉市第一聋哑学校杨晓玲、杨杉、胡欣老师编导，武汉市第一聋哑学校学生表演拍摄。在此对以上人员表示由衷的感谢。

　　在编写过程中，我们从相关的文献和网站上引用或借鉴了部分音乐、图片和研究成果，在此向原作者表示诚挚的谢意。

　　由于时间紧迫，编者的水平有限，教材中的不足之处在所难免，恳请各位专家及同仁批评指正！

编　者

目 录

第一章　舞蹈基础理论

第二章　舞蹈基础训练

第三章　中国民族民间舞

第四章　幼儿舞蹈创编

第一章

舞蹈基础理论

本章导入

　　舞蹈是一种经过美化和提炼了的人体艺术。本章学习要求学生掌握舞蹈的起源与发展、舞蹈的特点与种类、舞蹈教学常用术语与记录方法等舞蹈基础理论知识，且能在今后的学习和工作岗位中灵活运用。

学习目标

1. 了解舞蹈的起源与发展。
2. 了解舞蹈的特点与分类。
3. 掌握舞蹈教学常用术语与记录方法。

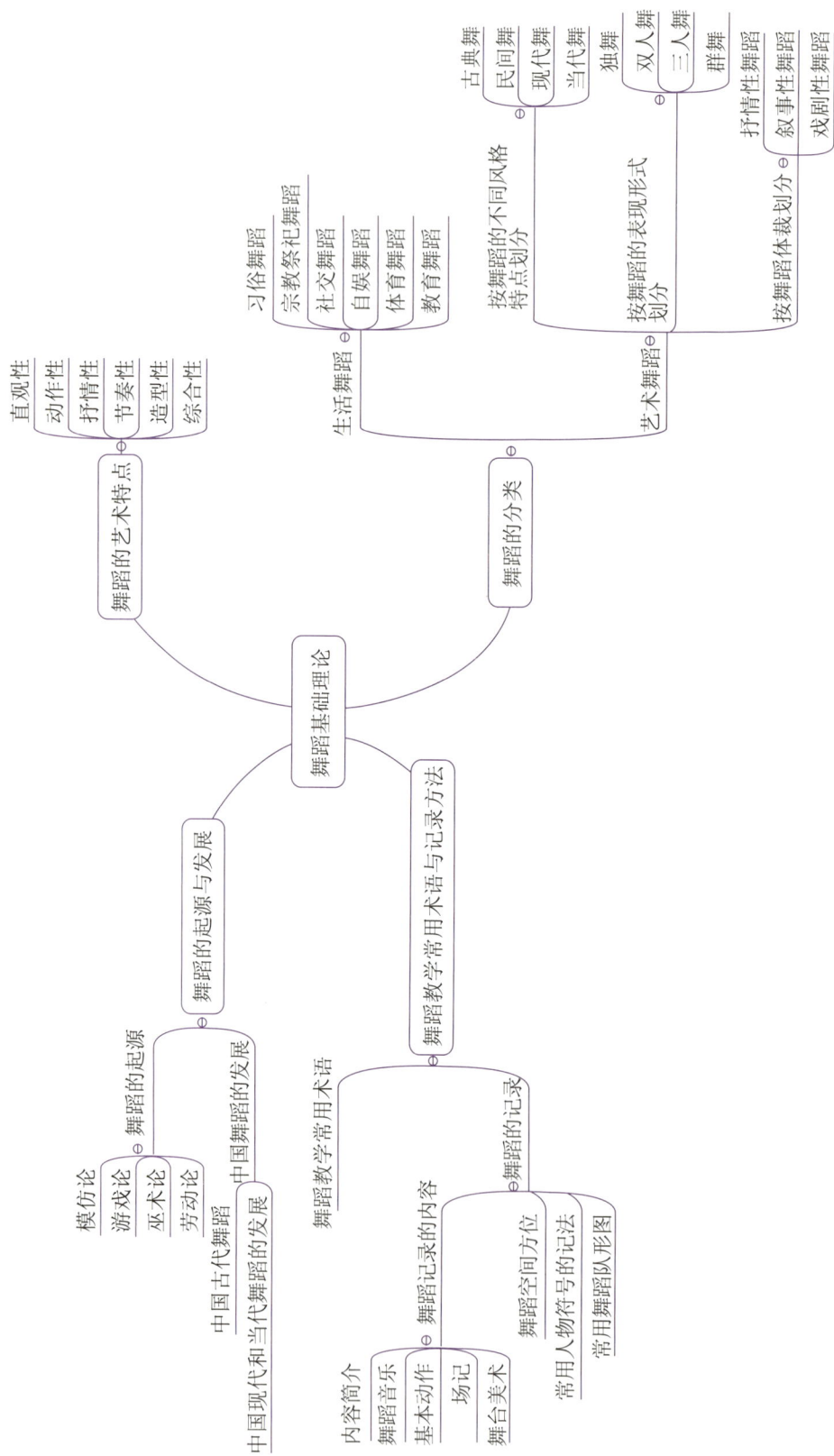

舞蹈基础理论

舞蹈的艺术特点
- 直观性
- 动作性
- 抒情性
- 节奏性
- 造型性
- 综合性

舞蹈的分类
- 生活舞蹈
  - 习俗舞蹈
  - 宗教祭祀舞蹈
  - 社交娱乐舞蹈
  - 自娱舞蹈
  - 体育舞蹈
  - 教育舞蹈
- 艺术舞蹈
  - 按舞蹈的不同风格特点划分
    - 古典舞
    - 民间舞
    - 现代舞
    - 当代舞
  - 按舞蹈的表现形式划分
    - 独舞
    - 双人舞
    - 三人舞
    - 群舞
  - 按舞蹈体裁划分
    - 抒情性舞蹈
    - 叙事性舞蹈
    - 戏剧性舞蹈

舞蹈的起源与发展
- 舞蹈的起源
  - 模仿论
  - 游戏论
  - 巫术论
  - 劳动论
- 舞蹈的发展
  - 中国古代舞蹈
  - 中国现代和当代舞蹈的发展
  - 中国舞蹈的发展

舞蹈教学常用术语与记录方法
- 舞蹈教学常用术语
  - 内容简介
    - 舞蹈音乐
    - 基本动作
    - 场记
    - 舞台美术
- 舞蹈的记录
  - 舞蹈记录的内容
    - 舞蹈空间方位
    - 常用人物符号的记法
    - 常用舞蹈队形图

第一节　舞蹈的起源与发展

一、舞蹈的起源

舞蹈是人类最早产生的艺术，是随着人类生产劳动而产生的。在远古时代，人们用动作、姿态和表情来交流思想和表达情感，随着时代的发展，相继产生了诗歌、音乐、绘画、雕刻等艺术，随着思维能力和认知事物水平的提高，又产生了曲艺、小说、戏剧等艺术。关于舞蹈的起源，有以下一些较为有代表性的说法。

舞蹈的起源与发展

（一）模仿论

舞蹈产生于模仿是最古老的理论，亚里士多德指出，人从孩提时就有模仿的本能（人和禽兽的区别之一，就在于人最善于模仿，他们最初的知识就是从模仿中得来的），人对于自己模仿的作品总是有快感。舞蹈产生于人对自然的模仿，人类通过肢体语言来模仿各种自然景物的动态形象，从而获得快乐和宣泄内心情感。

（二）游戏论

游戏是人性自由的表现。18世纪德国诗人、文艺理论家席勒认为，艺术像游戏一样，都是"自由"的活动。在艺术的起源中，模仿虽然重要，但并非艺术起源的真正起因，席勒指出"游戏的冲动"是艺术起源的根本，"以假象为快乐的游戏冲动一发生，模仿的创作冲动就紧跟而来"。当人们在进行游戏时，人的天性得到充分的发挥和满足。

（三）巫术论

德国的民族学家威兹格兰德有一个著名诊断："一切舞蹈原来都是宗教的。"英国的人类学家泰勒认为人们在生产过程中会有灵魂崇拜，自然万物皆是生命存在。许多学者的论著中大量引用了原始民族的舞蹈与宗教的渊源。我国古代的巫人，用动作的形式和灵魂沟通，他们占卜兼舞蹈，以人体舞蹈为手段来驱邪、治病、消灾、祈福、降神、祈雨等。

（四）劳动论

舞蹈起源于劳动是很多学者的共同观点，它的起源和形成不是单方面的构成，而是多种因素综合发展的结果。劳动创造了人，使人与动物有了本质的区别；劳动创造了舞蹈艺术的物质载体，生产劳动是人类生存的第一需要，是反映社会活动的需要，我们从遗留下来的一些洞窟壁画、艺术品中还可以看到许多表现人类狩猎生活的舞蹈场景。

综上所述，舞蹈作为社会审美形态的动态造型艺术，起源于远古人类劳动生产活动、游戏、健身、战争，以及图腾崇拜、巫术宗教祭祀等活动和自身情感、内在冲动的需求。舞蹈、音乐、诗歌三者结合产生了人类历史上最早的艺术形式。

二、中国舞蹈的发展

（一）中国古代舞蹈

上古时代，人类就会用动作来表达自己的情感和思想。在原始社会，舞蹈是当时人们生活的一部分，起着非常重要的作用，处于发展的初级阶段。原始舞蹈有集体性、全社会性的特点，无论是劳动、狩猎、战争，都统一行动，舞蹈所产生的感应力，使人们团结在一起。

进入奴隶社会，此时，巫术迷信和图腾崇拜开始相结合，产生了巫舞。巫舞是巫师的表演，当时的人们认为巫师是人与神之间的桥梁。从舞蹈的发展来看，巫舞比原始的图腾舞蹈前进了一大步，它从比较简单的集体舞蹈转向专业的、个人的舞蹈表演，而且还出现神话故事中的人物和情节，两者从内容到活动形式发生了很大的变化。到春秋战国时期的楚国，巫舞发展规模壮大，十分盛行，内容和形式都很丰富。奴隶社会末期，巫舞慢慢从"娱人"向"娱君"的方向发展。

到了封建社会，宫廷舞蹈开始盛行和发展，唐朝地域辽阔，国力强盛，政治稳定，文艺发展繁荣，主要有祭祀乐舞和宴饮助兴乐舞两种，产生了一些具有高水准的乐舞作品，如《霓裳羽衣舞》《破阵乐》《九歌》等。

随着唐朝的灭亡和元明时期的戏曲艺术的兴起，辉煌的宫廷乐舞逐渐衰落，一方面流入民间成为民俗文化，另一方面跟戏曲艺术融合，成为戏曲舞蹈的重要构成元素。经过几代艺人的努力创造，戏曲舞蹈逐渐形成了相对完整的独特训练表演体系，成为我国舞蹈十分珍贵的文化遗产。明清两代，民间歌舞在各地发展迅速，秧歌、高跷、舞龙、舞狮等歌舞活动在传统节日盛行，民间舞蹈的发展进入高峰时期，为我国古代舞蹈的发展历史画上一个圆满的句号。

（二）中国近现代和当代舞蹈的发展

我国近现代和当代的舞蹈发展，有三个重要时期，这三个时期舞蹈的发展是与其他国家和民族舞蹈的交流和影响分不开的，分别是20世纪20年代、50年代、80年代。

20世纪初，在新旧世纪更替的过程中，中国舞蹈从明清时期的戏曲舞蹈形式中走了出来，西方的芭蕾、现代舞、民间舞和交谊舞逐渐传入中国，为中国新舞蹈发展起到了推波助澜的作用。在中国近代舞蹈史上，最早学习欧美舞蹈的是曾任慈禧太后御前女官的裕容龄，她作为邓肯的私塾弟子和在巴黎音乐舞蹈学院深造的舞蹈家，对中国近现代舞蹈的发展作出了不可磨灭的贡献。五四运动以后，中国新舞蹈运动的开拓者吴晓邦先生，创作出一大批反映人们现实生活的舞蹈作品，具有深刻的社会意义，对振奋民族精神、召唤国人团结一致抵抗日本侵略，起到了很大的作用。他提出了"新舞蹈艺术理念"及"为人生而舞蹈"的艺术主张，并倾其一生身体力行。其代表作有《义勇军进行曲》《游击队员之歌》等。新舞蹈艺术的另一位开拓者戴爱莲女士，曾在英国接受系统的舞蹈教育，抗日战争爆发后回到祖国，投身救亡运动。她一生致力于推动中国芭蕾跨越式发展和中西舞蹈文化交流，被国际舞坛称为"中国舞蹈第一夫人"，代表作有《荷花舞》《飞天》等，曾担任北京舞蹈学校校长、中央芭蕾舞团团长。她培养的一大批学生，都成了振兴和发展中国新舞蹈事业的骨干力量。

进入20世纪50年代，新中国成立后中国的舞蹈艺术进入了一个新时期。"百花齐放，百家争鸣"成为中国艺术事业的基本指导思想，舞蹈教育除了深入挖掘国内的民族民间舞蹈传统艺术，还引进了国外的芭蕾艺术，建立了专业艺术团体、舞蹈院校，逐步形成了完整、科学的教学体系，为祖国培养了一大批优秀的舞蹈人才。一大批优秀的舞蹈作品涌现。

改革开放以来，我国的舞蹈艺术进入了一个更加繁荣发展的新时期，出现了《丝路花雨》《木兰飘香》等优秀民族舞剧，还有《扇舞丹青》《千手观音》《踏歌》等优秀舞蹈作品，它们成为流传于世的经典之作。国内也出现了各种类型的舞蹈比赛，如全国舞蹈比赛、"桃李杯"舞蹈比赛、中国舞蹈"荷花奖"舞剧评奖活动、CCTV电视舞蹈大赛等，这些大赛推动了中国舞蹈的发展进程和发展。这些不同内容、不同题材、不同风格的舞蹈作品，满足了我国广大观众对舞蹈艺术多方面的审美需求，使我国的舞蹈事业蓬勃发展。

总之，各民族舞蹈之间互相借鉴、互相学习、互相交流才能推动舞蹈事业的发展和创新，有继承、有借鉴、有创新才有发展。在传统与现代、东方与西方、艺术与市场的共同影响下，中国舞蹈正昂首前进，带着我们特有的民族风情，走向世界的大舞台。

思考与练习

1. 上网查看关于舞蹈的起源与发展的相关知识。
2. 关于舞蹈的起源有哪几种说法？
3. 中国舞蹈的发展分哪几个阶段？

拓展学习

中国舞蹈服饰的内涵与特点

舞蹈服饰能增强舞台效果，渲染舞台氛围，给舞蹈者增添光彩，凸显舞蹈者的形体美和舞蹈艺术的抽象美。

一、舞蹈服饰的内涵

舞蹈服饰可以细分为服和饰两个部分。"服"主要是指舞蹈演员在表演舞蹈动作时为了配合动作而使用的各种躯体服装以及能够表现民族特色的衣服。"饰"主要是指在舞台演员身上搭配的各种配饰品如头饰、颈饰、腰饰等。舞蹈服饰是一个地区、一个民族、一个国家生活风俗习惯的产物，各种形式的服饰也必然丰富了一个国家、一个民族的文化风俗。

舞蹈服饰是表现作品风格、刻画人物性格的重要手段，它为演员由内而外地演绎提供真实的角色外形，打造作品中鲜活的艺术形象，从而营造出角色赖以生存的艺术时空；此外，它能突出舞蹈的优美，提高舞蹈作品整体表现力。

二、舞蹈服饰的分类

根据舞蹈种类的不同，舞蹈服饰也各不相同，按照舞蹈类型，舞蹈服饰可以分为以下三类。

（一）古典舞服饰

古曲舞服饰是指古代各民族、各地区具有代表性的传统舞蹈表演所用的服装。中国古典舞服饰具有诗的意境，强调内心情感的表达，强调意、劲、精、气、神。服饰则以头、颈、手、身为装饰要点，以圆润流畅、动静对比、点线相交、刚柔相济、内外统一的原则构成形式美。

（二）现代舞服饰

现代舞主要是抒发个人的真情实感、贴近现代生活，所以其服饰也源于生活。如《都市晨曲》，男的是工人装扮，女孩则用学生的校服装扮。现代舞的服饰一般根据表演的内容和情绪表达需要来选择，服装选择比较自由。

（三）民族民间舞服饰

我国历史悠久、民族众多，所以民族民间舞蹈特别丰富多彩。因自然环境、生存方式、宗教信仰、生活习俗、审美心理等的不同，民族民间舞的服饰在款式、色彩搭配、纹样装饰、饰品造型及风格上也有所不同。它们既包含了各少数民族服饰的日常样式，又荟萃了其精华，因此具备最直观的民族形象特征。例如，藏族舞蹈服饰的款式、色彩、饰物等都具有其民族特色，视觉冲击力强，令人赏心悦目。

第二节　舞蹈的艺术特点

一、直观性

舞蹈是一种直观的艺术，它主要通过人们的视觉来进行审美感知。舞蹈作品里的人物、情节、情感都必须用肢体语言形象地表现出来，才能使观众理解。

舞蹈的艺术特点

二、动作性

动作是舞蹈最基本的元素，也是舞蹈艺术最基本的特性。舞蹈是流动的雕塑，人物情感、思想的表现，事件的发展，矛盾冲突的推进，情调、氛围的渲染，意境的形成，都要由一系列舞蹈动作所组成的舞蹈语言不停地发展、变化来完成。舞蹈的动作大致可分为表现性动作、说明性动作和装饰性动作三类。

表现性动作，有概括性的特点，是描绘人物的情感、思想和性格特征的动作，如表现人物的激情时可做急速的跳跃、旋转，描绘人物细腻的思想感情时常用圆润、流畅的舒缓动作等。

说明性动作，也称再现性动作，展示人物行动的目的和具体内容，具有明显的模仿性特征，如开门、行走、穿衣等，这类动作在芭蕾舞剧中的哑剧中较多。

装饰性动作，没有明确的含义，在舞蹈中多用于连接、转换、装饰，如芭蕾舞步中错步、滑步、垫步，或中国古典舞中的云手、晃手、圆场等。

三、抒情性

抒情性是舞蹈艺术的重要特征，也是舞蹈的本质属性。人的感情和情绪是变化多端的，在不同的舞蹈中都有生动、具体和鲜明的表现，通过肢体动作的抑扬顿挫、轻重缓急、刚柔粗细来表达各种各样的情感。有些难以用语言表达的情感和意思，用人体动作可以充分地表达意蕴。舞以传情，"在叙事中抒情""在抒情中叙事"的艺术表现方法，把抒情和叙事巧妙地结合在一起，才能更好地发挥舞蹈艺术的感染力。

四、节奏性

节奏是舞蹈艺术构成的要素之一，任何一种舞蹈都是有节奏的，没有节奏便没有舞蹈。

在舞蹈中，节奏一般表现为舞蹈动作力度的强弱、速度的快慢和能量的大小，相同的动作由于节奏的变化，就可以表现出不同的情绪和情感，体现出不同的内容。如跳跃或旋转，用不同的速度，可以表现人物不同的心情。

五、造型性

舞蹈是一种动态和造型艺术，是运动的画面和活动的雕塑，具有鲜明的造型性。舞蹈艺术的造型性包括两方面的内容：人体动作姿态的造型和舞蹈队形、画面的造型。舞蹈队形、画面造型也称舞蹈意境构图，是舞蹈作品构成的重要因素。任何形式的舞蹈都离不开各种类型的舞台运动路线和画面造型。

六、综合性

舞蹈是一种综合性的表演艺术形式，它将文学、音乐、戏剧、美术等艺术融合为一体，大大提高了舞蹈艺术和表现力。舞蹈和音乐的关系非常密切，音乐是舞蹈的声音，舞蹈是音乐的形体，没有优秀的音乐就没有优秀的舞蹈作品。服饰、道具、布景、灯光等，是舞蹈作品不可缺少的重要组成部分。它们对于展现舞蹈作品所处的时代、环境、民族，表现人物的身份以及思想感情，推动舞蹈情节的发展，都起着不可忽视的作用。

思考与练习

舞蹈具有哪些艺术特点？

拓展学习

舞蹈与音乐的关系

舞蹈与音乐作为姊妹艺术，与人类的劳动生活密切相关，它们在长期的历史发展过程中逐渐形成各自的艺术特征。

舞蹈与音乐存在相同特质，舞蹈产生于人体动作，人类的情感通过音乐来反映。音乐与舞蹈两者都可以表达人们的各种情感，都有一定节奏，并通过一定节拍完成。音乐与舞蹈通过节拍联系起来，节拍变化推动音乐情感变化与舞蹈动作改变。

音乐是舞蹈的灵魂所在，音乐可以脱离舞蹈作为一种单独艺术存在，但舞蹈却无法离开音乐，如果舞蹈作品中没有音乐，不仅艺术效果有限，而且节奏难以把握，一个好的舞蹈作品除风格独特、主题鲜明外，也离不开音乐伴奏。例如，街舞表演时，如果缺少摇滚风格的音乐配合，整个舞蹈的感染力将会下降很多，也让人觉得缺少节奏感。舞蹈将音乐情感通过肢体语言表达出来，音乐提高舞蹈的表现力与感染力，两者相互促进、相互影响。当两者完美结合时，才能赋予动作情感与灵魂，给人们带来视觉和听觉上的享受，陶冶人的情操，丰富精神世界。

第三节　舞蹈的分类

舞蹈可分为生活舞蹈和艺术舞蹈两大类。根据人们的生活需要进行的舞蹈活动称为生活舞蹈；根据人们的欣赏需要而进行的舞蹈活动称为艺术舞蹈。

舞蹈的分类

一、生活舞蹈

生活舞蹈具有群众性和普及性的特点，包括以下六类。

（一）习俗舞蹈

习俗舞蹈又称节庆、仪式舞蹈。习俗舞蹈包括当时节令、生产劳动、婚丧礼仪、信仰崇拜等民俗活动中舞蹈。我国许多民族在婚丧嫁娶、种植丰收等风俗节日，都要举行各种各样的群众性舞蹈活动，表现各个民族独有的民族文化、风俗习惯、社会风貌、民族性格等特征。习俗舞蹈是各族人民精神生活中不可缺少的重要组成部分。例如，湖南土家族新娘出嫁前，女伴会陪伴新娘跳《伴嫁舞》。

（二）宗教祭祀舞蹈

宗教祭祀舞蹈是进行宗教活动、宣传宗教思想和祭祀活动时的一种舞蹈形式，是神秘力量的人格化，是宗教祭祀的组成部分。它主要用于祈求神灵庇佑、除灾祛病、逢凶化吉、答谢神灵的恩赐和保佑或表示对先祖的怀念，以民间的"巫舞""打鬼""跳神"等为典型代表。

（三）社交舞蹈

社交舞蹈是人们进行社会交往、增进友谊、联络感情的舞蹈。它是由民间舞蹈演变而成，多为男女对跳的表演形式。例如，我国傣族的泼水节、黎族的三月三节、彝族的火把节、苗族的芦笙节等，多是男女青年在活动中相互认识，自由选择配偶的社交聚会活动，也可以说是各个民族的社交舞蹈活动。在西方社交舞蹈一般多指舞会中跳的各种交谊舞，如华尔兹、探戈、伦巴、桑巴、布鲁斯、狐步舞等。

（四）自娱舞蹈

自娱舞蹈是人们以自娱自乐为目的的舞蹈，用来抒发和宣泄自己内在的情感，在舞蹈的过程中获得愉悦和满足感。其特点是简单易学，不受人员、时间和空间的限制。

（五）体育舞蹈

体育舞蹈，是一种把舞蹈和体育相结合，以艺术审美的方式锻炼身体、使身心全面健康发展的舞蹈新品种，如各种健身操、广场舞、冰上舞蹈、水中舞蹈等。近年来发展起来的国际标准舞也属于体育舞蹈。

（六）教育舞蹈

教育舞蹈指学校对学生进行审美教育的舞蹈活动以及开设的舞蹈课程。世界许多国家的学校都很重视对学生的艺术教育，专门开设了舞蹈课程，既培养专业的舞蹈人才，又向舞蹈爱好者传播舞蹈文化，加强学生的文明礼仪，提高学生的文化素养。

二、艺术舞蹈

艺术舞蹈是指由业余和专业的舞蹈工作者，通过对社会生活的观察、体验、分析、集中、概括和想象，进行艺术的加工和创造，从而创作出主题思想鲜明、情感丰富、形式完整、具有典型化的艺术形象，由少数人在舞台或广场表演给他人观赏的舞蹈作品。根据其不同的艺术特点，大致有三种分类方式。

◇ 根据舞蹈的不同风格特点，可分为古典舞、民间舞、现代舞和当代舞。

（一）古典舞

古典舞是在民族民间传统舞蹈的基础上，经过历代专业工作者提炼、整理、加工、创造，并经过长期艺术实践的检验流传下来的，具有一定典范性意义和古典风格特点的舞蹈。古典舞一般都具有严谨的程式、规范性的动作和比较高超的技巧。许多国家和民族都有各具独特风格的古典舞蹈。中国古典舞博大精深、形神兼备、身心互融、内外统一，以及精、气、神和手、眼、身、法步完美协调与高度统一的特点。

（二）民间舞

民间舞是指在广大群众中广泛流传的一种舞蹈形式。民间舞来源于生活和劳动，表达人们的情感和愿望，反映各民族和地区人民的历史文化和风俗习惯，各民族都有各自不同风格特色的民间舞蹈。我国民间舞历史悠久，形式多样，如汉族的秧歌、花灯，藏族的锅庄、弦子，蒙古族的盅碗舞、筷子舞，傣族的孔雀舞，维吾尔族的赛乃姆等。

民间舞的特点是载歌载舞、自由活泼、巧用道具，如扇子、手绢、花灯、花伞等，既增强了舞蹈的表现力，又使舞蹈更加饱满、丰富多彩。很多民间舞都以历史故事或传说为依据，故事情节生动、人物形象鲜明，自娱性和表演性统一，情之所至，即兴发挥。

（三）现代舞

现代舞是 19 世纪末在欧美地区兴起的一种舞蹈流派。其主要美学观点是反对古典芭蕾的因循守旧、脱离现实生活和单纯追求技巧的形式主义倾向，主张摆脱古典芭蕾过于僵化的动作和程式的束缚，以合乎自然运动法则的舞蹈动作自由抒发人的情感，强调舞蹈艺术要反映现代社会生活，揭示灵魂与内心世界，以释放自我肢体，抒发自我情感。美国舞蹈家伊莎多拉·邓肯被公认为现代舞的鼻祖。代表作有根据《马赛曲》《斯拉夫进行曲》《国际歌》等改编的舞蹈。

（四）当代舞

当代舞是舞蹈工作者根据现实生活进行舞蹈创造，表现当代社会生活，塑造当代人物形象，并借鉴和吸收古典舞、民间舞、现代舞的表现手段和表现方法，从而形成的一种新的风格的舞蹈。代表作有《走、跑、跳》《天边的红云》《毕业歌》等。

◇根据舞蹈的表现形式，可分为独舞、双人舞、三人舞和群舞。

（一）独舞

独舞又称单人舞，是由一个演员独立完成一个主题的舞蹈表演。作品结构比较完整，一般直接抒发人物的思想感情和揭示人物的内心世界。独舞演员既可以是男演员也可以是女演员，要求演员具有扎实的基本功、较高的表演技巧和艺术表现力，如舞蹈《扇舞丹青》《孔雀飞来》等。

（二）双人舞

双人舞是由两个人合作表演完成一个主题的舞蹈。表演者可以是一男一女，也可以是二男二女。舞蹈时需要两人相互协调、配合默契，较多运用舞姿造型和高难度托举技巧，表达人物之间的关系和情感线条，如舞蹈《姜姜长亭》《两棵树》等。

（三）三人舞

三人舞是由三个人合作表演完成一个主题的舞蹈。舞蹈往往具有情节性与矛盾冲突的显现，比独舞与双人舞的艺术表现力更为丰富，如舞蹈《牛背摇篮》《菊豆》等。

（四）群舞

群舞是由4人以上共同表演完成的舞蹈。群舞的特点是动作整齐、风格统一。通过不同的队形流动与变化、画面的交替变换、舞姿造型、节奏的对比等来表现一种集体的美感，有较强的艺术感染力和震撼力，如舞蹈《踏歌》《千手观音》等。

◇根据舞蹈体裁，可分为抒情性舞蹈、叙事性舞蹈、戏剧性舞蹈。

（一）抒情性舞蹈

抒情性舞蹈又称情绪舞，其主要的艺术特征是在特定的环境中，以鲜明、生动的舞蹈语言来直接抒发人物的思想感情，以此表达舞蹈家对生活的情趣与感受。抒情性舞蹈大致分为优美型、壮美型、欢悦型三类。

（二）叙事性舞蹈

叙事性舞蹈又称情节舞。其主要艺术特征是通过舞蹈中不同人物的动作所构成的情节事件来塑造人物、表现作品的主题内容。也可以取材于神话故事、寓言故事等，用拟人、比喻、夸张、再现的手法来表现作品的主题内容。

（三）戏剧性舞蹈

戏剧性舞蹈又称舞剧，是以舞蹈为主要表现手段，综合了音乐、文学、戏剧、美术的综合性表演艺术，这种艺术的综合性极大地提高了舞蹈的表现能力，同时也要求舞蹈具有一定的叙事能力，在抒情中叙事，在叙事中抒情，从而达到抒情和叙事的统一。

1. 舞蹈可以分为哪两大类?

2. 生活舞蹈包括哪几类?

3. 艺术舞蹈根据舞蹈的风格特点可以分为哪几类?

4. 艺术舞蹈根据舞蹈的表现形式可以分为哪几类?

5. 艺术舞蹈根据舞蹈体裁可以分为哪几类?

拓展学习

舞蹈家伊莎多拉·邓肯简介

美国舞蹈家伊莎多拉·邓肯(1877—1927)是"现代舞"这一新兴舞蹈流派的早期创始人之一,在西方舞蹈史上,邓肯被誉为"现代舞之母",是 20 世纪西方最伟大的现代派艺术家之一。

1877 年,伊莎多拉·邓肯出生于美国旧金山一个有着浓厚艺术氛围的家庭,她的父亲崇尚古希腊文化,母亲是文学爱好者和乐师。受家庭熏陶,伊莎多拉·邓肯表现出与生俱来的舞蹈艺术天赋,很小就会伴随悠扬的音乐翩翩起舞。六岁那年,伊莎多拉·邓肯和姐姐共同编创出不同于以往的、基于自然的舞蹈节奏和动作式样,教给其他小伙伴并得到肯定。十岁那年,伊莎多拉·邓肯被送到舞蹈学校学习正规芭蕾舞,但接触几次后,她拒绝学习这种僵硬、陈腐、不自然的舞蹈。随后,伊莎多拉·邓肯从芭蕾舞学校退学,办了一个舞蹈班。十二岁那年,伊莎多拉·邓肯和兄弟姐妹到圣罗莎、圣克拉拉等地演出,她的舞蹈受到很多好评。

她认为古典芭蕾的训练会造成人体的畸形发展,她向往原始的纯朴和自然的纯真,主张舞蹈家必须使肉体与灵魂结合,肉体动作必须发展为灵魂的自然语言,真诚地、自然地抒发内心和情感。邓肯创立的"现代舞"这一舞蹈流派打破了西方舞坛从 19 世纪末至 20 世纪初由古典芭蕾一统天下的局面,从此,"现代舞"与"芭蕾舞"成为 20 世纪西方舞蹈界最重要的两大舞种,它们以其截然不同的审美风格为西方舞台带来了异彩纷呈、颇具张力的艺术面貌。

第四节 舞蹈教学常用术语与记录方法

一、舞蹈教学常用术语

(一)基础训练

基础训练又被简称为基训,是指对学生基本能力的训练,如身体的柔韧性、灵活性、稳定性、控制能力和跳、转、翻等技巧的训练。

舞蹈教学常用术语与记录方法

（二）主力腿

在动作过程中或形成姿态时，支撑身体重心的一条腿称为主力腿。它与动力腿的配合对身体平衡以及动作姿态的优美有着重要作用。

（三）动力腿

动力腿是与主力腿相对而言的，非重心支撑的一条腿，动力腿可做各种屈伸、摆动等动作。

（四）起泛儿

起泛儿也叫"起势"，是指动作前的准备姿势与技巧前的准备动作。

（五）韵律

人体运动的自然规律造成在舞蹈动作中欲左先右，欲上先下，欲纵先收，以及动与静、上与下、高与低、长与短等辩证的规律，形成了舞蹈动作的韵律，韵律在舞蹈中有着重要地位，是较难掌握的一种动作因素。

（六）身段

身段是演员在舞台表演或训练中，各种舞蹈的形体动作的统称。从简单的比拟手势到复杂的武打技巧，如坐、卧、行、走、甩袖、亮相等都称为身段。

（七）形体

形体指演员的身体形态。学生的身体训练或舞蹈训练称为形体训练，或"形体课"。

（八）造型

造型是塑造人物外部形象的艺术手段之一。在舞蹈中人们将雕塑性强的动作姿态称为"造型"。

（九）亮相

亮相是中国古典舞中独具特色的一种技法。剧中主要人物第一次上场，或一段舞蹈完毕之后在一个短促的停顿中所做的姿态称亮相。它也是戏曲表演中的一种程式动作，有时也用于下场。

（十）舞蹈动作

舞蹈动作来源于生活，是经过提炼和美化了的、有节奏、有规律的人体动作，是舞蹈艺术的主要表现手段。

（十一）舞蹈语言

舞蹈语言由单一或几个舞蹈动作组合而成，通过舞蹈动作来表现舞蹈主题和情感，具有一定含义。舞蹈语言既包含有一定意义的简单舞蹈动作，又包含较长的动作组合。

（十二）舞蹈组合

两个以上的舞蹈动作被组织联合在一起，形成一组新的动作称为舞蹈组合，它包括最简单的、性质单纯的动作连接，也包括最复杂的各种不同性质的动作组合，它是用来达到某种训练目的，或表现一段舞蹈思想内容的手段。

（十三）舞蹈语汇

舞蹈语汇把若干不同的舞蹈动作汇聚起来，为表达舞蹈作品的主题内容服务，是一切舞蹈语言的总称。

（十四）主题动作

主题动作指一个舞蹈或一个舞蹈形象的核心动作，是从"音乐主题"一语演绎而来的。音乐主题在音乐创作中被反复呈现，不断重复加深听者印象，舞蹈中的主题动作也可以采取不断重复和再现的手法，它是为突出舞蹈主题思想和塑造典型舞蹈形象服务的，主题动作的重复使用是舞蹈创编的一种手法。

（十五）舞蹈结构

舞蹈结构是指舞蹈作品的组织方式和内部构造。编导根据对生活的认识和舞蹈素材的理解，按照塑造舞蹈形象和表现主题的需要，运用舞蹈及其各种艺术表现手法，把一系列生活材料、人物形象、事件情节等分别加以安排和组织，使其既符合欣赏规律，又适应舞蹈作品体裁的要求，达到舞蹈艺术上的完整和谐。

（十六）舞蹈构图

舞蹈构图是指舞蹈编导为表现舞蹈作品的主题思想、交代环境情节和塑造舞蹈形象，按美感的效果要求在舞台空间安排和处理各种人和物的关系及其位置的行为。

二、舞蹈记录方法

（一）舞蹈记录的内容

为了帮助舞蹈工作者记忆、收集、创作、教学、训练、交流，应学习和掌握一定的舞蹈记录方法。通常是以文字、图形的方式将舞蹈记录下来。舞蹈记录包括内容简介、舞蹈音乐、基本动作、场记和舞台美术五个部分。

1. 舞蹈内容记录

在记录的过程中，要用简练、生动的文字，将舞蹈作品的主题思想、时代背景和人物的思想感情、性格气质，以及展现主题所需要的典型环境和主要情节介绍清楚，以便编导和表演者准确地表达主题思想。如果要编入舞蹈教材，应写出教学提示或教学目的。

2. 舞蹈音乐记录

舞蹈音乐记录一般采用简谱记录主旋律，注明音乐的力度、速度、表情术语等。

3. 基本动作记录

基本动作记录主要记录舞蹈作品中反复出现的一些基本动作或较难做的动作。其他动作或连接动作可放在场记部分，说明跳法。常用的基本动作记法，按基本动作在舞蹈中出现的先后次序，逐一用文字（动作名称、动作节拍、身体重心、人体方位、动作起止路线等）说明其跳法并配以插图。

4. 场记

场记通过舞台调度图、文字说明、动作插图等，把一个舞蹈的情节、动作、造型、队形的变化记录下来，比较完整地反映其表演过程。

5. 舞台美术

舞台美术包括服装、道具、灯光、布景、化妆、效果等。根据主题内容运用多种艺术手段，创造剧中环境和角色的外部形象，烘托舞台气氛。可以用文字和图示结合的方式来记录。

随着互联网的发展，网络数字化技术手段进入舞蹈艺术领域，使舞蹈的记录与传播有了更多更便捷的方法，其特点是直观、简便、准确，更有利于舞蹈艺术的传播和学习。

（二）舞台空间方位

根据我国舞蹈常见的舞台区域划分方法，舞台可分为九个区域、八个方位、三个层次。

舞台九个区域：中、左、右；前、左前、右前；后、左后、右后，如图1-4-1所示。

舞台八个方位：身体对1点，1是正前方，2是右斜前方，3是正右方，4是右斜后方，5是正后方，6是左斜后方，7是正左方，8是左斜前方，如图1-4-2所示。

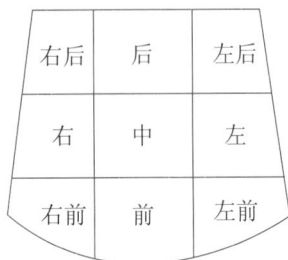

图1-4-1

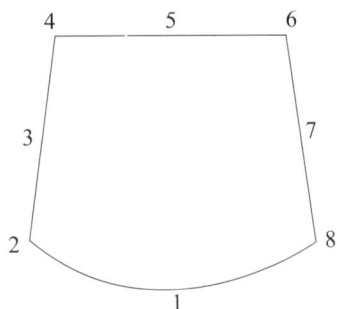

图1-4-2

舞台的三个层次：从舞台的空间来分层，分为低、中、高三层；从舞台的平面来分层，分为前区、中区、后区。从观看的效果来看，前区、中区是表演的强区，后区、两侧是弱区，编导在编排过程中要注重对舞台方位的运用，增强对观众的视觉冲击效果。

（三）常用人物符号的记法

舞蹈记录中常用 ⊖、▣、▽、◇ 等符号表示舞蹈中的不同角色，习惯上用 ▣ 表示男性舞蹈者，用 ⊖ 表示女性舞蹈者。

如果舞蹈者人数多，在队形变化时可加上标号如 ▣1、▣2……

（四）常用舞蹈队形图

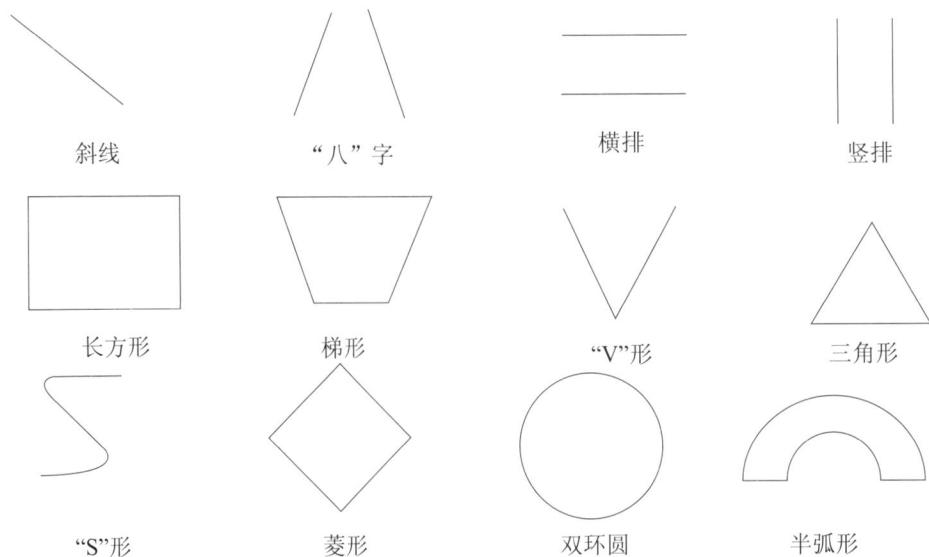

斜线　　　　　　"八"字　　　　　　横排　　　　　　竖排

长方形　　　　　　梯形　　　　　　"V"形　　　　　　三角形

"S"形　　　　　　菱形　　　　　　双环圆　　　　　　半弧形

图1-4-3

舞蹈队形是为舞蹈表现服务的，队形的运用是根据舞蹈的表演人数、内容来确定的，灵活运用舞蹈队形能增强舞蹈的活力，起到锦上添花的作用。

思考与练习

1. 舞蹈记录包括哪几个部分？
2. 常见的舞台分为几个区域、几个方位、几个层次？

拓展学习

中国现当代著名舞蹈家及其代表作

随着社会的进步和发展，我国舞蹈事业走向了繁荣发展的新时期，涌现了一批优秀的舞蹈家，他们将毕生的精力奉献于舞蹈事业，创作出一批优秀的舞蹈作品，为中国的舞蹈事业做出了巨大的贡献。

近代著名的舞蹈艺术家有：

吴晓邦，代表作有《饥火》《思凡》等。

戴爱莲，代表作有《荷花舞》《飞天》等。

陈爱莲，代表作有《春江花月夜》《弓舞》等。

白淑湘，代表作有《红色娘子军》等。

刀美兰，代表作有《孔雀公主》《东方红》等。

贾作光，代表作有《牧马舞》《鄂伦春舞》《渔光曲》等。

杨丽萍，代表作有《雀之灵》《云南印象》等。

黄豆豆，代表作有《醉鼓》《秦俑魂》等。

第二章

舞蹈基础训练

本章导入

　　舞蹈基础训练是整个舞蹈课程学习中非常重要的环节，在舞蹈基训教学中采用有针对性的教学方法是实现教学目的的根本保障。和其他学科一样，舞蹈基础训练也应该依据教学对象的年龄、能力，结合所要教授的内容和要求制定相应的教学方法。教育类专业的学生入学之前，绝大多数都没有舞蹈基础，更有甚者连最基本的身体协调性也欠缺。但经过多年的教学实践，我们发现教育类专业学生反而展现出极高的学习热情。通过本章的学习，学生可以了解正确的舞蹈体态，提升自身的舞蹈基础能力，培养指导幼儿形体训练的能力。

学习目标

1. 熟知舞蹈基础训练的基本概念，拥有正确的舞蹈体态，掌握指导幼儿形体训练的方法。
2. 了解芭蕾基础训练的基本要求，掌握芭蕾基础训练各阶段的练习方法。
3. 熟知常用的中国舞蹈术语和舞蹈记录方法，掌握中国古典舞身韵元素训练和组合训练的方法。
4. 了解舞蹈技术技巧在舞蹈中的作用，初步掌握各类舞蹈技术技巧的训练方法。

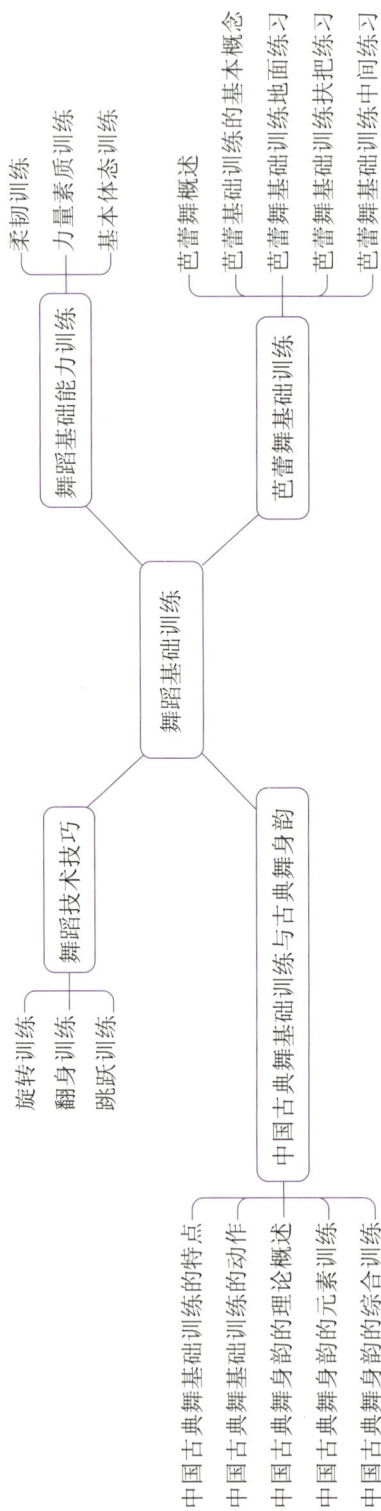

章节思维导图

舞蹈基础训练

舞蹈基础能力训练
- 柔韧训练
- 力量素质训练
- 基本体态训练

芭蕾舞基础训练
- 芭蕾舞概述
- 芭蕾基础训练的基本概念
- 芭蕾舞基础训练地面练习
- 芭蕾舞基础训练扶把练习
- 芭蕾舞基础训练中间练习

舞蹈技术技巧
- 旋转训练
- 翻身训练
- 跳跃训练

中国古典舞基础训练与古典舞身韵
- 中国古典舞基础训练的特点
- 中国古典舞基础训练的动作
- 中国古典舞身韵的理论概述
- 中国古典舞身韵的元素训练
- 中国古典舞身韵的综合训练

第一节　舞蹈基础能力训练

一、柔韧训练

柔韧训练指我们常说的软开度，对于舞蹈课程的后续学习有很大影响，肩、胸腰、胯、腿和脚背的柔韧性是非常重要的，我们可以按照身体的各部位逐步来进行训练。

（一）肩部练习

1.压肩

练习方法

面对把杆，调整距离，将两臂伸直搭放于把杆上，手腕处与把杆接触。两手臂与肩同宽，上体前屈，两腿并步伸直，提气、收腹、低头，利用上体上下振动向下压肩，使肩角充分拉开，在肩角拉到最大限度时停耗一段时间，效果会更好。也可以两人相互压肩，一人做压肩动作，另一人双手压在做动作人的肩背部位，帮助用力下压。压肩时要由轻到重，由慢到快，不可突然发力，以免造成身体损伤。（图 2-1-1）

图 2-1-1　压肩

练习要求

在练习中，手臂、腿、躯干充分伸直，不得弯曲，肩角充分拉开。动作节奏为二拍一次，最快一拍一次，做四个八拍，然后停耗两个八拍。

肩部练习

2.反拉肩

练习方法

背对把杆，并步或前后弓步站立，两眼目视前方，两臂向后伸直，双手正握把杆，两手距离略比肩窄，两腿并拢屈膝下蹲或弓步下蹲，利用身体上下振动，拉大手臂与身体的角度，可在最大角度上停耗一段时间。（图 2-1-2）

图 2-1-2　反拉肩

练习要求

反拉肩时，振动幅度越大越好，肩角充分拉开。动作节奏为二拍一次，最快一拍一次，压四个八拍后停耗两个八拍。

（二）胸腰练习

1. 挑胸腰

练习方法

准备练习时，背对墙，坐在把杆下方地面上，屈膝收腿，脚尖点地，两手正握把杆，距离与肩同宽，两眼目视前方。接着做波浪挑胸腰的动作，双腿伸直站起，按照膝盖、大腿、胯部、腰、胸、肩、颈、头，手臂依次向前及上方挑送展开。收回时，按照屈臂、弯腿、收腹、含胸、低头的过程回到预备状态。（图 2-1-3）

图 2-1-3 挑胸腰

练习要求

挑胸腰时，身体要按动作顺序依次展开和收回，使身体呈波浪式运动。身体展开时，胸部要高于把杆，推手臂、顶肩。练习的动作节奏为八拍一次，最快两拍一次，一组需练习四到八个八拍。

胸腰练习

2. 仰卧挑胸腰

练习方法

准备练习时，在地面仰卧，两腿伸直并拢，绷脚背，两手伸直放于体侧地面上。接着背肌收紧，胸腰上顶，抬头，手臂向下撑地，头尽量靠近地面，后腰及背部要离开地面，使胸腰充分展开。回到预备状态时，要有控制地下落。（图 2-1-4）

图 2-1-4 仰卧挑胸腰

练习要求

仰卧挑胸腰时，向上挑胸腰要有力，下落时要有控制。练习的动作节奏为八拍一次，最快两拍一次。一组需练习四到八个八拍。

（三）胯部练习

1. 俯卧压胯

练习方法

练习由两人相互配合来完成。练习者俯卧在地面，双臂向前伸直，两腿屈腿，双脚脚心相对并拢，也可脚心紧贴墙面，大腿尽量与胯部平行。另一人分腿站于练习者的胯部两侧，双手将练习者的双胯下压。

练习要求

练习者在训练中俯卧屈腿时，尽量使双腿膝盖与胯部平行，以免变成膝关节的练习。辅助练习者在按压练习者时，发力要慢，逐步下压。下压后保持同一位置，不可反复下压。

2. 仰卧压胯

练习方法

练习由两人相互配合来完成。练习者仰卧在地面，双臂放于体侧，两腿屈腿，双脚脚心相对并拢，也可脚心紧贴墙面，大腿尽量与胯部平行。另一人分腿站于练习者的胯部两侧，双手将练习者的双腿膝盖下压。

练习要求

练习者在训练中仰卧屈腿时，尽量使双腿膝盖与胯部平行，以免变成膝关节的练习。辅助练习者在按压练习者时，发力要慢，逐步下压。下压后保持同一位置，不可反复下压。

（四）腿部练习

1. 压前腿

练习方法

预备压前腿时，身体靠近把杆，动力腿和把杆呈 45° 夹角，保持绷脚，双腿膝盖顶直。髋关节摆正，胯根放松，一手扶把，另一手呈芭蕾三位手，上身和主力腿保持垂直，头、颈部向上延伸。（图 2-1-5）

练习要求

压前腿时，芭蕾三位手的手臂向前延伸，保持前腰顶直。压腿过程中，面对动力腿前方，用腹部去贴大腿，起身时回到预备状态。压腿时，不能驼背、低头。（图 2-1-6）

2. 压旁腿

练习方法

预备压旁腿时，主力腿外开，动力腿的脚背和膝盖对着正上方，一手呈芭蕾三位手预备，另一手扶把。（图 2-1-7）

图 2-1-5　预备压前腿

图 2-1-6 压前腿

图 2-1-7 预备压旁腿

练习要求

压旁腿时，芭蕾三位手的手臂向侧方远处延伸，与动力腿保持平行，头部从手臂前方转向教室正上方，使旁腰与肩完全打开，起身时，回到预备状态。压腿时，不能扣肩、含胸。（图 2-1-8）

图 2-1-8 压旁腿

3. 压后腿

练习方法

预备压后腿时，一手扶把，另一手呈芭蕾三位手，将动力腿的脚内侧放在把杆上，脚背对外侧。动力腿不能弯膝盖，不能用脚勾住把杆，脚背不能对着正下方。（图 2-1-9）

练习要求

压后腿时，主力腿弯曲下蹲，芭蕾三位手的手臂向后延伸，抬头展胸腰，动力腿保持顶直。压腿时，上身及髋关节不能向把杆外侧转动，动力腿不能弯膝盖。（图 2-1-10）

图 2-1-9 预备压后腿

图 2-1-10　压后腿

腿部练习

（五）脚背练习（地面压脚背）

练习方法

在地面绷脚跪立，上身直立坐在脚上。练习中要注意脚跟和膝盖需要夹紧，双脚脚趾头处分开大约 3 厘米。（图 2-1-11）

在掌握了跪立压脚背的方法后，我们可以加大练习的强度，用提升膝盖高度的方式来进行压脚背的练习。比如，手臂在地面支撑，让膝盖离开地面，也可以让膝盖靠在墙面练习，或者在高度适宜的地方进行练习。练习方法的改变，要依照循序渐进的原则来逐步增强。（图 2-1-12）

图 2-1-11　跪立压脚背 1

图 2-1-12　跪立压脚背 2

练习要求

在地面压脚背的练习中，重心不能前移，不能把脚跟和膝盖分开。这种错误的练习方式，会使小腿和脚背形成类似镰刀的状态，就是常说的抃脚状态。

脚背练习

二、力量素质训练

（一）腹部力量

1. 仰卧屈腿起上身

练习方法

准备练习时，仰卧于地面，双腿弯曲成50°，脚掌着地，双手交叉抱于头的后部。接着收腹含胸，向前低头，起上身坐起。

练习要求

练习中，双手不能离开头部。收腹起上身要快速有力，下落时要控制缓慢。练习的动作节奏为两拍一次或一拍一次。重复练习四到八个八拍。

2. 仰卧并腿起下身

练习方法

练习由两人相互配合来完成。练习者仰卧在地面，两腿伸直并拢，另一人分腿站于练习者的头部两侧。练习者双手抓握站立者的两脚腕处，腹肌收紧，迅速上举双腿向站立者的方向踢摆，当练习者双腿上举到90°时，站立者用双手快速推顶练习者的双脚背部，然后进行反复练习。

练习要求

练习中，收腹举腿要直膝绷脚，快速有力。腿下落时，要控制落地。练习的动作节奏为两拍一次或一拍一次，一组需练习二到四个八拍。

3. 仰卧两头起

练习方法

准备时，在地面仰卧，直膝绷脚，手臂上举。练习时收腹含胸，双腿和上体同时向上抬起，两手上举前伸，并拍打双脚脚面。落地时，双腿和上身同时控制下落，回到预备状态，然后进行反复练习。（图2-1-13）

图2-1-13 仰卧两头起

练习要求

练习时，上下身要同时起落。拍打脚面时，手脚位置越高越好，手臂和双腿要伸直并拢。练习的动作节奏为两拍一次或一拍一次，一组需练习二到四个八拍。

（二）腰背部力量

1. 俯卧抱头起上身

练习方法

练习由两人相互配合来完成。练习者俯卧在地面，两手交叉抱头，双腿并拢伸直，辅助者双手按压在练习者的双腿的脚腕处。接着练习者背肌收紧用力抬头起上身，起到最高位置后，上身控制下落，然后进行反复练习。

腹部力量练习

练习要求

练习时，手不能离开头，上身尽量抬高。要快起慢落，收腹提气。练习的动作节奏为两拍一次或一拍一次，一组需练习四到八个八拍。也可以在上身抬至最高位置时，停耗两个八拍。

2. 俯卧两头起

练习方法

预备时在地面俯卧，双腿并拢，直膝绷脚，双手臂与肩同宽，上举伸直贴在地面上。练习时背肌收紧，上下肢同时快速向上抬起，使身体形成反弓形，下落时要有一定的控制力。然后进行反复练习。（图 2-1-14）

图 2-1-14　俯卧两头起

腰背部力量练习

练习要求

练习中，手臂和腿要伸直拉长。要快速起落，连接要协调，身体不能放松。练习的动作节奏为两拍一次或一拍一次，一组需练习四到八个八拍。也可以在手脚抬起的最高位置上停耗两个八拍。

基本体态

三、基本体态训练

在进行舞蹈训练初期，首先需要对身体的基本形态加以认知和了解。所谓基本体态训练，是学生在训练中不可缺少的专业常识，也是舞蹈教学中必要的理论知识。

（一）站姿训练

练习方法

舞蹈训练中的身体姿态和人体的自然形态是不一样的。练习中，八字步站立，双脚下踩，双腿肌肉收紧的同时需双腿夹紧，收臀提背，胯部上提，肋腹内收，双肩自然下垂，颈部与躯干垂直，头部摆正、眼视正前方。从正面看，身体的胯部、膝盖、脚都要外开，从侧面看，身体是垂直挺拔的状态。（图 2-1-15）

练习要求

不能塌腰翘臀，颈部与躯干呈弧线状态。

（二）教室方位

教室的空间可分为八个方位，身体的朝向称为"对"，头的朝向称为"看"，身体的朝向以"胯部"为中心部位。教室八个方位的确立，可以使舞姿的转动和变换有了明确的方向。（图 2-1-16）

图 2-1-15
站姿训练

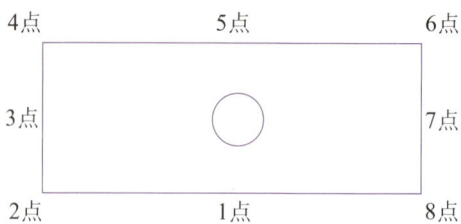

4点	5点	6点
3点	○	7点
2点	1点	8点

图 2-1-16

（三）身体方向

1. 正面

正面最容易辨别和掌握的方向，面对一点，背对五点。脚常用的位置是正步位、小八字位（图2-1-17）和丁字位。

2. 头和肩的位置

明确正面方位之后，进入转方向的练习。方向变化时，常用脚的位置是正步、小八字步、踏步、丁字步等。例如，左脚前丁字步身体对八点，眼看二点之间，这就形成了带方向的舞姿。

图 2-1-17
小八字位

思考与练习

1. 舞蹈基础训练在舞蹈课程学习中有什么作用？
2. 舞蹈基础能力的训练包括哪几个方面？
3. 在进行舞蹈基础训练时有哪些要求？

拓展学习

柔韧训练的基本概念

柔韧是指身体各关节的活动幅度、肌肉和韧带的伸展能力，也就是我们常说的软开度。对于初学者来讲，首先要解决柔韧方面的素质问题，教师要根据学生的身体条件，进行有针对性的练习。柔韧训练的内容主要包括肩、胸、腰、胯、腿等几大关节部位的柔韧性练习，以及颈、膝、肘、手腕、脚腕等小关节部位的拉伸练习。通过各个关节的活动练习，达到提高柔韧性的目的。柔韧素质的提高会受到生理和心理等因素的影响：骨关节的结构，骨关节周围的形态，肌肉和韧带的弹性，性别和年龄差异，心理承受能力等，都会起到一定的客观影响作用。科学系统的训练方法，可以使柔韧素质得到改变和提高。柔韧素质的训练方法，主要是采用拉伸法，通过自身的力量或外力的作用延展关节的活动范围，使肌肉和韧带的幅度拉长。拉伸法又可分为被动拉伸和主动拉伸两种方式。

柔韧训练应注意的问题

1. 要采用科学有效的训练方法和手段，解决好学生的柔韧素质。首先要根据学生的特点，采取不同的方法，提出不同的要求和标准，有针对性地进行训练，不可千篇一律。柔韧练习要循序渐进，持之以恒，不能急于求成，因为肌肉和韧带拉伸的效果不会立竿见影，要在克服黏滞性的前提下逐步增强。特别是在两个人相互帮助练习时，要注意不能突然加力猛压，以免拉伤肌肉和韧带。

2.在柔韧素质练习前要做好充分的准备活动，使关节活动开，身体发热。训练时要求室内温度适宜，温度不能太低。

3.柔性练习要与其他素质练习相结合，各种素质的发展是相互关联的，在进行柔韧训练时与其他基本素质结合起来进行，可以达到事半功倍的效果。

4.身体柔韧性的练习，要兼顾有相互联系的部位，在练习某个部位的柔韧性时，对相邻部位的练习也要同步进行。比如在练习肩部柔韧性时，需要注意胸腰部位的练习，在练习腰部的柔韧性时，要注意肩部和胯部的练习，这样可以达到更好的效果。

第二节　芭蕾舞基础训练

一、芭蕾舞概述

（一）芭蕾舞简史

芭蕾舞起源于意大利，兴盛于法国，鼎盛于俄罗斯，最终从俄罗斯走向世界。它起源于文艺复兴时期意大利的盛大宴饮娱乐，贵族们在宴会上自得其乐的业余性表演，形成了早期的芭蕾舞。17世纪，法国国王路易十四结束了芭蕾舞的自娱艺术阶段，在巴黎建立皇家舞蹈学院，要求演员的体态以"开"为基础，并正式确立了脚的五个基本位置。18世纪末19世纪初，浪漫主义文艺思潮在巴黎兴起，频频的战乱和苦难呼唤表现神秘莫测的超自然境界的艺术特征，浪漫主义芭蕾在这样的大环境下跃上舞台，舞剧《吉赛尔》的表演者玛丽·塔里奥尼，将芭蕾舞的"脚尖"技术推向鼎盛。"古典芭蕾舞"以俄罗斯学派的崛起为背景，在"浪漫芭蕾舞"大势已去之时，开创了芭蕾舞历史上的巅峰时代。它集意大利、法兰西两大流派之大成，又融入俄罗斯特有的气势恢宏、动作凝重、戏剧性强等特点，形成了"双人舞"和"性格舞"模式，其中《天鹅湖》《睡美人》《胡桃夹子》三大舞剧最负盛名。随着历史的发展，"浪漫芭蕾舞"和"古典芭蕾舞"尽管已具有千锤百炼后的夺目光彩，但毕竟与现代人的思想情趣相去甚远，于是"现代芭蕾舞"和"当代芭蕾舞"应运而生，它们顺应时代潮流，吸收借鉴现代舞训练体系及编舞技法，与"浪漫芭蕾舞"和"古典芭蕾舞"一同活跃在当今舞台上。

在芭蕾舞五百多年的发展历程中，举世公认的有六大学派，分别是意大利、法国、英国、丹麦、美国和俄罗斯学派。意大利学派"简劲"，动作简洁、准确、干净，技术娴熟，追求高难度、急速、猛烈、线条清晰，其快速灵巧的小跳动作十分独特，旋转技术较为高超，且花样独特、繁多。法国芭蕾舞学派"妩媚"，其舞姿华丽优雅、动作轻盈纤细、手形美丽柔和、技术高超潇洒，但有时动作略显矫揉造作，总体以文雅、流畅、轻盈、细腻著称。英国芭蕾舞学派集中体现了欧洲芭蕾舞"精致、细腻"的风格，脚部动作灵活，手臂动作柔和，注重舞姿的线条和舞蹈技术的质量，独具特色、演技高超、自成一派。美国芭蕾舞以"速度"和"稳定"著称，侧重女演员的中心地位，虽然遵守着已经确立的芭蕾舞技术规范，但其动作中尚能反映美国特有的速度、幽默、广阔、勇气等。俄罗斯芭蕾舞最具"戏剧性"，它在古典芭蕾舞基础上批判地继承了俄罗斯古典舞的民族特色，发扬了俄罗斯式的平稳、优美和动作自由、宽广的风格，作品充满人道主义思想和深刻的内容，情感表达也极为真诚。

（二）芭蕾舞的特征

古典芭蕾舞的动作体态均具有由内向外发展的特点。四肢从躯干伸出向外无限延长，其基本舞姿要求两腿从胯根处向外打开180°，对于芭蕾舞的初学者来说，只有从胯根打开才能达到膝盖和两脚同时打开，所有舞姿都是在脚下外开的基础之上。在练习中，两腿膝关节伸直，内侧肌肉并拢，长期使用内侧肌肉有助于防止腿部变粗；胯骨保持稳定，始终保持在同一水平线上，保持重心始终在主力腿上；臀部收紧，并且同时前推，和腰、背在一个平面上，也就是腹股沟推平，胯骨下压，使身体成为一条直线，既能增加腿的长度，也能保持身体的稳定；腰部要收紧并向上提起，不能塌，腹部收平；后背要垂直、挺拔，脊柱骨向上拉长、延伸，不能驼背，肩胛骨收紧，自然挺胸，双肩放平，呼吸要均匀，不能使收腹变为憋气；头部保持自然的正直，两眼平视，脖子向上延伸，不能前伸。芭蕾舞上下身形成了两股对抗的力，是两个气场的展现，脚向下踩地，盆骨向上挺拔，形成一个对抗，肩下沉，与腰部上提形成另一股对抗力。

芭蕾基础训练也是学生认识舞蹈的重要基础环节，有助于开、绷、直、立的基本舞姿的形成，可以提升学生直立挺拔的美好气质，训练学生基本而规范的舞蹈能力。

"开"，是指髋关节向人体两侧外开。髋关节的打开，舒展了人体的线条，增加了人体下肢的表现能力。芭蕾中的开有一定的难度，必须要从髋关节到膝关节、腕关节、脚趾尖全部打开。切忌使劲打开容易打开的部位，不容易打开的部位就打不开，这样容易造成上下扭曲，使肌肉或韧带拉伤。同时，肩关节也要打开，肩关节的外开不仅有利于后背的直挺和收紧，而且能体现学习者高亢的精神以及挺拔的气质。

"绷"，是芭蕾的基本要素之一。在基础训练课中，绷脚是教师经常提醒学生的话题之一。可以说，动力腿只要一动，尤其是离地，必须绷脚。绷脚有两个重要的作用：一是延长了腿的长度，强化了腿的流线型的美；二是能使踝关节得到强有力的锻炼，增强踝关节以下到趾关节的灵敏性。一般初学者在绷脚练习中，经常会出现绷脚背不绷脚趾或只绷脚趾不绷脚背的现象，这些都不符合规范要求。绷脚必须从踝关节开始把力量一直贯入脚趾，让脚趾去找脚心，实际上脚背脚趾绷得越紧，腿部膝盖也会越收紧。学习者必须耐得住成千上万次枯燥而又单调的绷脚练习，才能在绷脚中寻找芭蕾基础训练的真谛。

"直"，是一个整体概念，要求身体挺拔直立，不能塌腰翘臀、挺胸叠肚，也包括腿在需要直的时候，必须收紧膝盖。基础训练中要求人体的"直"有两个目的：一是在精神、气质方面，使人精神倍增，看起来潇洒和帅气，给人一种朝气蓬勃的青春美的享受；二是在技能、技术训练方面，在上身因舞姿造型的需要而出现前倾后仰、左倒右出时，人体的重心必须严格保持垂直，唯有这样才能使舞蹈从容不迫，一气呵成。人在舞蹈中身体的形态是千变万化的，人体重心需要在动作变化中不断地进行调整。由此可知，基础训练中的直立训练是一种技能训练。

"立"，似乎和直差不多，但立有自己的含义：一是在人体的整体概念上，立会给人带来一种升提的感觉，这是一种轻盈、敏捷和精神气质的美，这一点与直有相似之处；二是指腰部的立，这一点才是立的真髓，千万不能掉以轻心，因为腰部是躯体中活动范围最大的部位。

二、芭蕾基础训练的基本概念

（一）芭蕾舞的训练体系

芭蕾舞对形体的训练被视为最科学的舞蹈训练，它不仅有助于提高肢体的能力，还有利于塑造舞者完美的肢体线条。在课堂中，我们通常将教室分为八个方向，正前方为1点，顺时针45°为2点，以此类推至8点方向。芭蕾舞训练体系分为三个部分：地面训练、扶把训练和中间训练。

地面训练是初学芭蕾舞课程的基础。身体坐在地面或平躺于地面做各种脚部或腿部的动作，能够防止身体因变形而造成的动作不规范、发力点不对等问题，而且躺着和坐着可以使身体有依托，因此可以将注意力全部集中到腿和脚上，保证动作的规范、准确。

扶把训练是指在双手或单手扶把状态下，训练直立、稳定性与重心移动的同时使人的内心节奏与体态相融合。训练时无论是单手扶把还是双手扶把，都要求将手轻轻放在把杆上，身体与把杆保持一定距离，胳膊肘自然下垂。具体的练习动作有擦地、蹲、小踢腿、画圈、大踢腿等。

中间训练是在地面练习和把上练习基础上进行的，主要训练学生身体各部位的能力和灵活性。

（二）芭蕾基训的基本位置

1.基本站姿

在芭蕾基训课中，第一课必须学习正确的身体站立，它能帮助学生掌握好稳定性，并在此基础上进一步学习较难的动作并完成技术技巧。正确的身体站立必须上身往上提，腹部收紧，双肩打开往下压，脖子往上拔，头保持笔直，同时十个脚趾放平，双腿从胯到臀部、大腿、膝盖、小腿最大幅度地转开，两腿用力绷直收紧。在初学时可以双手扶把进行学习，这些都是芭蕾基训课上应具备的基本要求，是学习的必修课，在芭蕾舞课程中有着重要的意义。（图2-2-1）

2.手的位置

手位在芭蕾训练中起着极其重要的作用。手不仅要配合身体其他部位共同完成各种动作，还为旋转、跳跃提供助力，帮助身体保持平衡，具有构成各种优美舞姿造型的作用。在芭蕾课堂训练中所有动作都是以某个手臂的位置作为动作开始和结束姿态，并在动作的过程中不断变换手臂动作。

国际芭蕾界中较为通用的手臂位置主要是四个手臂位置，分别是：准备位、一位、二位、三位。目前我国通用的

图2-2-1 芭蕾基本站姿

手臂位置共有七个，一位至七位。

一位手：双手下放，手臂在身体前方，双肩打开，手指、手腕、手臂形成椭圆形，小手指不要贴于大腿，手指距离不能紧贴接触，状态自然。（图2-2-2）

二位手：保持一位手的形状往上抬，抬到由下往上第一根肋骨的高度，两手臂弧线状，感觉有一滴水能从上往下顺畅地流下。（图2-2-3）

三位手：保持二位手往上抬，肩膀往下压，在额头的正上方，检查三位手时，不要抬头，眼睛向上只看见小手指。两手的距离不能过于靠拢。（图2-2-4）

图2-2-2　一位手　　　　图2-2-3　二位手　　　　图2-2-4　三位手

四位手：一只手在三位保持不动，另一只手从三位上用小手指从中间切下到二位。

五位手：四位上方的手保持不动，另一只手从二位向旁打开。

六位手：五位往旁打开的手保持不动，另一只手从三位用小手指从中间切下到二位。

七位手：六位往旁打开的手保持不动，另一只手从二位打开到旁，双手低于肩，胳膊肘架起，手指、手腕、胳膊保持弧形不能折。（图2-2-5）

3.脚的位置

芭蕾脚位共有五种，分别是：一位、二位、三位、四位、五位。它是古典芭蕾中最为基础的动作，在初

图2-2-5　七位手

学时应该先学一、二、三位，最后学习四、五位，要循序渐进地学习，在一般情况下四位是脚位中最难学的，不管是哪个脚位，一定要强调两脚放平在地板，不能倒脚，十个脚趾应该展开平铺到地板，双脚要非常有力地抓住地板。

一位：两脚脚跟紧贴，脚尖打开到旁成一条直线。（图2-2-6）

二位：保持一位的状态，两脚往旁打开中间为一脚的距离。（图2-2-7）

三位：后脚保持外开，前脚跟位于后脚脚心处，双脚紧贴。

五位：后脚保持外开，前脚位于后脚前，前脚脚跟对后脚脚趾，后脚脚跟对前脚脚趾。双脚互相紧贴。

四位：保持五位状态，前脚往前放，两脚成一平行线，中间距离成一竖脚位置。

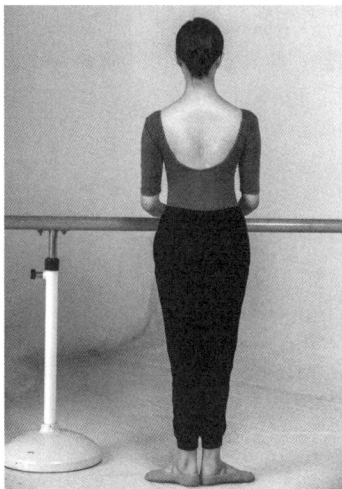

图2-2-6　一位　　　　　　　　　　图2-2-7　二位

三、芭蕾舞基础训练地面练习

地面练习是在地面跪、坐、卧等双腿没有重心负担的情况下，针对身体各部位的关节、韧带、身体幅度，进行外开、伸展等训练和肌肉素质的能力训练，同时可以解决舞蹈初学者存在的身体专业条件方面的差异，对身体进行规范化的整理。地面练习可以在把杆练习前进行，作为把上练习的铺垫，是学生基本舞蹈身体素质建立的开始。地面练习还可以解决初学者身体局部的柔韧性和打开幅度问题，使初学者对身体各部位形态和舞姿规范逐步达到要求，在把杆练习之前，能够对自己的身体有基本控制力。

（一）勾绷脚练习

训练目的

练习坐姿，同时训练脚踝的灵活性及勾、绷脚的动作形态。

练习方法

双勾脚：脚踝用力，脚跟往远蹬，脚尖带动整脚最大限度地勾起，脚与腿形成勾曲式造型。（图2-2-8）

双绷脚：脚踝伸展，脚背用力，脚尖下压，与腿部形成流线式造型。（图2-2-9）

练习过程

准备位：直腿绷脚坐立，双手旁，中指点地。

图 2-2-8　双勾脚　　　　　　　　图 2-2-9　双绷脚

（1）-（2）准备位。

第一段

（1）1-4拍：双吸坐，胸前拍手两次。

　　　5-6拍：双勾脚，双手指尖点脚尖，眼看脚。

　　　7-8拍：回至准备位。

（2）重复（1）动作。

（3）1-4拍：双吸坐，胸前拍手两次。

　　　5-8拍：正步位绷脚伸坐，同时双手做拍手拍腿动作。

（4）1-2拍：坐压前腿。

　　　3-4拍：回至绷脚伸坐，双手叉腰。

　　　5-6拍：双勾脚。

　　　7-8拍：双绷脚。

勾绷脚练习

第二段

（1）-（4）重复第一段动作。

练习要求

（1）坐姿强调后背直立，头顶和尾椎向两头延展。

（2）在拍腿动作时，眼随手动，看双手方向。

（二）胯的练习

训练目的

训练胯的柔韧性。

练习方法

对脚盘坐压胯：脚心相对盘坐，骨盆固定不动，上身前倾，同时肩、胸打开，后背延伸拉长。（图2-2-10）

图 2-2-10　对脚盘坐压胯

旁开腿压胯：双腿勾脚，同时向旁打开到最大限度，骨盆固定不动，上身前倾，同时肩、胸打开，后背延伸拉长。

练习过程

准备位：对脚盘坐，双手放脚踝处。（图 2-2-11）

（1）1–8 拍：保持准备位。

（2）1–8 拍：左右倾头四次。

第一段（四个八拍）

（1）1–4 拍：手臂垂直上伸，转动双手。

　　5–6 拍：前压胯，手臂向前伸。

　　7–8 拍：收至准备位。

（2）1–8 拍：重复（1）的动作。

（3）1–4 拍：手臂水平向两侧伸直，转动双手。

　　5–8 拍：前压胯，双手经前平位打开至旁平位立腕。

（4）1–8 拍：重复（3）的动作。

图 2-2-11　胯的练习准备位

间奏（一个八拍）

　　1–4 拍：旁开腿，勾脚。

　　5–8 拍：左右倾头各一次。

第二段（四个八拍）

（1）1–2 拍：旁开腿压胯，双手指尖相对，肘尖对 3、7 点。

　　3–4 拍：起身回正。

　　5–8 拍：重复 1–4 拍的动作。

（2）1–4 拍：旁开腿压胯。

　　5–8 拍：起身回正。

（3）1–8 拍：旁开腿压胯。

（4）1–4 拍：保持旁开腿压胯，完成左右倾头两次。

　　5–8 拍：起身坐正（一拍到位）。

间奏（一个八拍）

　　1–4 拍：收至准备位。

　　5–8 拍：左右倾头两次。

第三段（五个八拍）

（1）–（4）　重复第一段（1）–（4）的动作。

（5）重复准备位（2）的动作。

练习要求

（1）压胯时根据学生的程度因材施教，不强行按压。

（2）提示学生手臂在不同方位时双手的变化，强调动作的规范性。

胯的练习

（三）腿的练习

训练目的

训练腿的柔韧性。

练习方法

坐压前腿：正步位伸坐，上身保持直立，向前折叠俯于腿上，后背延伸拉长。（图2-2-12）

坐压旁腿：一腿向旁伸直，另一腿盘坐位，上身保持直立，向旁折叠俯于腿上，后背延伸拉长。（图2-2-13）

坐压后腿：一腿身前盘腿，另一腿外开向后伸直，上身保持直立，双手放于身体两侧，手指轻点地，抬头展胸腰。（图2-2-14）

吸腿抱团身：双腿绷脚后最大限度收回，双手臂与肩平行，双手指尖相对，双手臂高度不要超过头部。（图2-2-15）

图 2-2-12　坐压前腿

图 2-2-13　坐压旁腿

图 2-2-14　坐压后腿

图 2-2-15　吸腿抱团身

练习过程

准备位：直腿绷脚坐立，双手旁，中指点地。

（1）-（2）1-8拍：准备位。

第一段

（1）1-2拍：坐压前腿，双手指尖相对空掌扣于膝盖上。

　　　3-4拍：上身回正，双手前斜下位，指尖延伸，点在腿的上面。

　　　5-8拍：重复1-4拍动作。

（2）1-4拍：松膝捶腿（大腿中间）。

　　　5-6拍：双拳经上抛物线捶脚尖前压腿。

7-8拍：起身到直腿伸坐，双手旁斜下位点地。

（3）重复（1）动作。

（4）重复（2）动作。

间奏

（1）1-8拍：吸腿抱团身，第五拍到位。

（2）1-8拍：打开到直腿伸坐，第五拍到位。

第二段

（1）1-4拍：坐压前腿，双手握拳捶腿，位置分别是大腿中部、膝盖、小腿中部、脚尖（眼睛分别看前、前、前、下）。

5-8拍：依次捶腿回到伸坐，位置与前压腿顺序相反（眼睛分别看下、下、下、前）。

（2）重复第一段（2）动作。

（3）-（4）重复第二段（1）-（2）动作。

练习要求

（1）压腿时强调双腿并拢，双膝伸直，后背平直，压腿幅度因材施教。

（2）前压腿指尖相对扣于膝盖上，肘尖向旁，身体前倾。四次捶腿的位置为大腿中部、膝盖、小腿中部、脚尖。俯身时视线为前、前、前、下，收回时视线为下、下、下、前，双手经上弧线向前落于最远处，一拍到位。

腿的练习

四、芭蕾舞基础训练扶把练习

扶把练习是为了帮助练习者在完成动作时安全准确地调整重心，掌握平衡，避免在支撑困难的情况下导致错误动作的出现。扶把训练是气息、力量、稳定性及柔韧性的结合，是全方位综合训练的基础。扶把练习在训练中有两个基本的作用：一是难度较大的动作练习需要把杆辅助；二是幼儿及初学舞蹈者站立不稳，方位不正，需要借助把杆帮助来保持主力腿的重心稳定性。

（一）擦地练习（图2-2-16）

练习过程

准备位：单手扶把，另一手芭蕾一位，一位脚站立。

（1）1-4拍：重心移到左脚，右脚向前擦地。

5-8拍：右脚收回一位，重心在左脚。

（2）1-2拍：右脚向旁擦地。

3-4拍：全勾脚，脚跟离地。

5-6拍：全绷脚，脚尖着地。

7-8拍：右脚收回一位，同时重心回到中间。

（3）-（4）重复（1）-（2）动作。

（5）1-4拍：重心移到左脚,右脚向前擦地，头转向2点，眼视2点。

图2-2-16　擦地练习

5-8 拍：右脚收回一位，重心以及头不变。

（6）1-4 拍：右脚转开全勾脚，脚跟离地。

5-6 拍：全绷脚，脚尖着地。

7-8 拍：右脚收回一位，重心不变，头不变。

（7）1-4 拍：右脚向后擦地，头转向 8 点，眼视 8 点。

5-8 拍：右脚收回一位，重心以及头不变。

（8）1-4 拍：重复（7）1-4 拍动作。

3-4 拍：左脚转开全勾脚，脚跟离地。

5-6 拍：全绷脚，脚尖着地。

7-8 拍：左脚收回一位，重心回到中间，头转向 1 点，眼视前方。

擦地练习

（二）蹲的练习（图 2-2-17）

练习过程

准备位：左手扶把，一位脚站立，芭蕾一位手。

第一段

（1）1-4 拍：一位半蹲，手不动。

5-8 拍：还原准备动作。

（2）重复（1）的动作。

（3）1-8 拍：做一位全蹲。

（4）1-8 拍：蹲起回到准备动作，同时右手从一位经
二位到七位，眼随手看出。

（5）1-8 拍：下前腰，同时手随身体向下，指尖着地，
头和身体尽量与腿贴近。

图 2-2-17　蹲的练习

（6）1-4 拍：抬头后背拉长，右手三位手拉起至直立状态。

5-8 拍：右手从三位到七位，眼视手的方向。

（7）1-8 拍：眼视前方，双脚立半脚掌。

（8）1-4 拍：落半脚。

5-8 拍：右脚向旁擦地变成二位。

第二段

（1）1-4 拍：右手回到一位，在二位站立的基础上重复第一段（1）1-4 拍动作。

5-8 拍：右手由七位经一位回到七位。

（2）-（4）重复第一段（2）-（4）动作。

（5）1-4 拍：眼睛看右手，下旁腰，手心向上，向远延伸。

5-8 拍：眼神从右向左走上弧线，右手到三位手位，从右向左下旁腰。

（6）重复（5）的动作后位置还原。

（7）-（8）1-4 拍：脚二位重复第一段（7）-（8）1-4 拍动作。

5-8 拍：右脚绷脚，重心移动到左脚擦地收回一位。

（三）小踢腿练习（图 2-2-18、图 2-2-19）

图 2-2-18　小踢腿练习 1

图 2-2-19　小踢腿练习 2

练习过程

准备位：左手扶把，五位脚站立，芭蕾一位手。

　　1-4 拍：右手从一位到二位，眼睛看手。

　　5-8 拍：右手从二位到七位，眼睛看 2 点方向。

第一段

（1）1-2 拍：右腿前小踢腿，重心在左脚。

　　3-4 拍：收回至五位站立。

　　5-8 拍：重复（1）1-4 拍的动作。

（2）1-2 拍：右腿前小踢腿。

　　3-4 拍：前点地一次，迅速抬起到前小踢腿位置，点地时重心不变。

　　5-6 拍：前小踢腿位置脚尖轻点地。

　　7-8 拍：收回五位站立。

（3）1-2 拍：左腿后小踢腿，重心在右脚。

　　3-4 拍：收回五位站立。

　　5-8 拍：重复（3）1-4 拍的动作。

（4）1-2 拍：左腿前小踢腿。

　　3-4 拍：后点地一次，迅速抬起到后小踢腿位置，点地时重心不变。

　　5-6 拍：后小踢腿，脚尖轻点地。

　　7-8 拍：收回五位站立。

第二段

（1）1-2 拍：右腿向旁小踢腿，重心在左脚，目视前方。

　　3-4 拍：右腿收后五位。

5-6 拍：右腿向旁小踢腿。

7-8 拍：右腿收前五位。

（2）1-2 拍：右腿旁小踢腿。

3-4 拍：旁点地一次，迅速抬起到旁小踢腿位置，点地时重心不变。

5-6 拍：旁小踢腿位置脚尖轻点地。

7-8 拍：收回一位站立。

（3）1-4 拍：右腿前小踢腿，右转头，目视 2 点方向。

5-8 拍：右腿经一位到后小踢腿。

（4）1-2 拍：右腿小踢腿。

3-4 拍：右腿经一位到后小踢腿。

5 拍：　　后小踢腿，脚尖轻点地。

6 拍：　　眼睛看右手，手臂向远延伸。

7-8 拍：右脚擦地收回一位，手从七位到二位，眼睛随手到一位后，看 2 点方向。

视频 2-2-7

（四）单腿蹲（图 2-2-20）

练习过程

准备位：单手扶把，五位脚，一位手准备，眼睛看向身体外侧的斜前方。

1-4 拍：手从一位到二位。

5-8 拍：从二位打开到七位的同时，前脚擦出到旁点地。

（1）1-4 拍：左腿单腿蹲。

5-8 拍：起，动力腿伸直到前点地位置。

（2）1-4 拍：左腿单腿蹲。

5-8 拍：起时，动力腿向前伸直到大概 45° 的位置。

（3）1-4 拍：左腿单腿蹲。

5-8 拍：起，动力腿伸直到旁点地位置。

（4）1-4 拍：左腿单腿蹲。

5-8 拍：起时，动力腿向旁伸直到大概 45° 的位置。

（5）1-4 拍：左腿单腿蹲。

5-8 拍：起，动力腿伸直到后点地位置。

（6）1-4 拍：左腿单腿蹲。

5-8 拍：起时，动力腿向后伸直到大概 45° 的位置。

（7）1-4 拍：左腿单腿蹲。

5-8 拍：起，动力腿伸直到旁点地位置。

（8）1-4 拍：左腿单腿蹲。

5-8 拍：起时，动力腿向旁伸直到大概 45° 的位置。带手呼吸收回到一位的同时，脚收回到五位。

图 2-2-20　单腿蹲

练习要求

（1）两腿保持外开，同时弯曲，同时伸直，注意协调。

（2）单腿蹲时上下平稳，动作匀速，过程中不停顿，控制好音乐节奏。

（3）主力腿伸出时，膝盖固定，脚后跟往前顶着带领小腿伸直。

（五）划圈练习（图2-2-21、图2-2-22、图2-2-23）

练习过程

准备位：单手扶把，一位脚，一位手准备。

1-8拍：准备拍时手由一位经二位，打开到七位。

（1）1-4拍：动力腿向前擦地。

5-8拍：由前点地划到旁。

（2）1-4拍：收回到一位。

5-8拍：保持姿态不动。

（3）1-4拍：向旁擦地。

5-8拍：由旁点地，划向后点地。

（4）1-4拍：收回到一位。

5-8拍：保持姿态不动。

（5）1-8拍：动力脚从一位向前擦地，经前点地划向旁、划向后，再收回到一位，画一个圈。

（6）1-8拍：动力腿向前经擦地，起前腿，控制到大概90°的位置，落腿，收回到一位。

（7）1-8拍：动力脚从一位向后擦地，经后点地划向旁、划向前，再收回到一位，画一个圈。

（8）1-8拍：动力腿向后经擦地，起后腿，控制到大概90°的位置，落腿，带手呼吸收回。

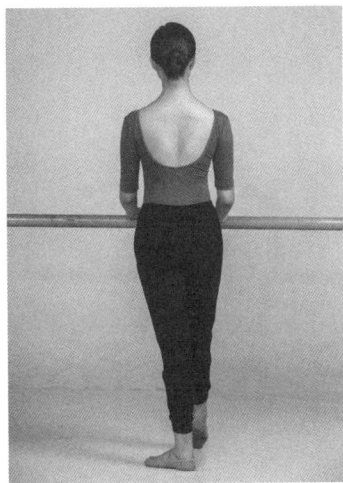
图2-2-21　划圈练习1

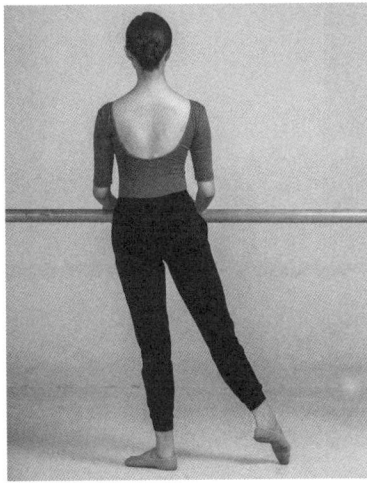
图2-2-22　划圈练习2

图2-2-23　划圈练习3

练习要求

（1）保持胯部的直立，不能出胯。

（2）强调腿的外开，脚跟往前顶，主力腿保持直立，重心始终在主力腿上。

（3）划圈时注意头部和身体的配合。

划圈练习

（六）大踢腿练习

练习过程

准备位：左手扶把，五位脚站立，芭蕾一位手。

1–8 拍：右手从一位经二位到七位，眼随手走，最后看向 2 点方向。

（1）1–2 拍：右腿前大踢腿。

3–4 拍：收回五位。

5–8 拍：重复（1）1–4 拍动作。

（2）1–4 拍：重复（1）1–4 拍动作。

5–8 拍：头部转向 1 点，眼视前方。

（3）1–2 拍：右腿旁大踢腿。

3–4 拍：收回至后五位站立。

5–6 拍：右腿旁大踢腿。

7–8 拍：收回至前五位站立。

（4）1–4 拍：重复（3）1–4 拍动作。

5–8 拍：头部转向 2 点，眼视 2 点方向。

（5）1–2 拍：右腿后大踢腿。

3–4 拍：收回至后五位。

5–8 拍：重复（5）1–4 拍动作。

（6）1–4 拍：重复（5）1–4 拍动作。

5–8 拍：头部转向 1 点，眼视前方。

（7）1–2 拍：右腿旁大踢腿。

3–4 拍：收回至前五位。

5–6 拍：重复（7）1–2 拍动作。

7–8 拍：收回至后五位。

（8）1–2 拍：右腿旁大踢腿。

3–4 拍：收回至前五位。

5–8 拍：右手从七位到二位，眼睛随手到一位后，目
视 2 点方向，结束。

（七）半脚尖练习（图 2-2-25）

练习过程

准备位：双手扶把，一位脚准备。

（1）1–4 拍：立半脚尖。

5–8 拍：保持立半脚尖。

（2）1–4 拍：落半脚尖。

5–8 拍：保持身体姿态不动。

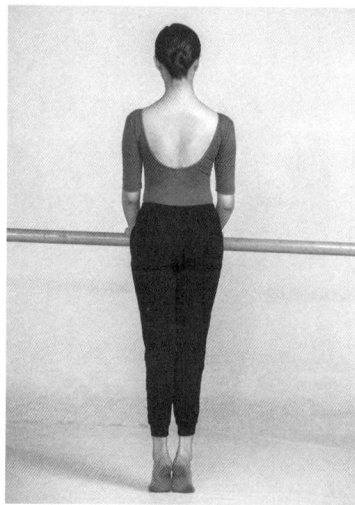

图 2-2-25 半脚尖练习

（3）1-2拍：立半脚尖。

　　　　3-8拍：保持立半脚尖。

（4）1-2拍：落半脚尖。

　　　　3-4拍：保持身体姿态不动。

　　　　5-6拍：动力腿向旁擦地，脚尖轻轻点地。

　　　　7-8拍：落脚到二位。

（5）1-4拍：二位立半脚尖。

　　　　5-8拍：保持立半脚尖。

（6）1-4拍：二位落半脚尖。

　　　　5-8拍：保持身体姿态不动。

（7）1-2拍：二位立半脚尖。

　　　　3-8拍：保持立半脚尖。

（8）1-2拍：落半脚尖。

　　　　3-4拍：保持身体姿态不动。

　　　　5-6拍：动力脚推地起，把重心移到主力腿上，动力腿脚尖轻轻点地。

　　　　7-8拍：通过擦地收回到前五位。

（9）1-4拍：五位立半脚尖。

　　　　5-8拍：保持立半脚尖。

（10）1-4拍：五位落半脚尖。

　　　　5-8拍：保持身体姿态不动。

（11）1-2拍：五位立半脚尖。

　　　　3-8拍：保持立半脚尖。

（12）1-2拍：落半脚尖。

　　　　3-4拍：保持身体姿态不动。

　　　　5-6拍：向旁擦地。

　　　　7-8拍：收回到一位，手放松，收回到一位。

练习要求

（1）立半脚尖时，大腿内侧一定要向里夹紧，腰部收紧，双腿伸直外开，双脚立到最大限度，脚跟前顶。

（2）把重心放在两个前脚掌上，手轻扶把杆。

半脚尖练习

五、芭蕾舞基础训练中间练习

芭蕾基础训练都是由地面开始规范身体，进入把杆训练规范动作和舞姿，进而在中间练习中提升自身的控制和表达能力。中间练习是学生从有支撑基础训练到无支撑训练的过渡，是身体舞蹈语言表达的开始。

（一）手位练习（图2-2-26、图2-2-27）

图2-2-26　手位练习1　　　图2-2-27　手位练习2

练习过程

准备位：中间五位脚站立，芭蕾一位手，面向2点。

　　1-8拍：双手从一位经二位到七位，眼随手走，最后看向2点方向。

（1）1-4拍：右手到二位位置。

　　　5-8拍：右手到三位位置。

（2）1-4拍：左手到二位位置。

　　　5-8拍：左手到三位位置。

（3）1-4拍：双手到七位位置。

　　　5-8拍：双手到一位位置。

（4）1-4拍：右手向旁45°，呼吸，回到一位。

　　　5-8拍：左手向旁45°，呼吸，回到一位。

（5）1-4拍：双手到二位位置。

　　　5-8拍：右手到七位，左手到三位。

（6）1-4拍：左手到七位位置。

　　　5-8拍：双手到一位位置。

（7）-（8）重复（5）-（6）动作。

（二）重心移动练习（图2-2-28、图2-2-29）

练习过程

准备位：五位脚站立，芭蕾一位手，面向8点。

（1）1-8拍：五位全蹲。

（2）1-8拍：在五位蹲的基础上，右腿经擦地到前
　　　　　　点地位置，手从一位到二位，身体略
　　　　　　微前倾，眼睛看手。

图2-2-28　　　　图2-2-29
重心移动练习1　　重心移动练习2

手位练习

（3）1–8 拍：经四位蹲，双腿伸直，把重心移到右腿上，左腿后点地，手打开到五位。

（4）1–8 拍：左腿收回到五位，身体和手向上延伸，眼睛看向上方的左手。

（5）1–4 拍：转身面向一点方向。

5–8 拍：五位蹲，左手落二位，眼随手动。

（6）1–4 拍：在五位蹲的基础上，右腿向旁擦地到点地位，左手打开到七位。

5–8 拍：移重心到二位蹲的位置。

（7）1–4 拍：站直，把重心移到右腿上，左腿脚尖点地，手打开到七位，眼睛看向左手，呼吸。

5–8 拍：保持姿态不动。

（8）1–4 拍：左腿在前，面向二点方向收回准备位。

（9）–（16）重复（1）–（8）动作。

练习要求

（1）注意头部和身体的协调配合。

（2）移动重心时要经过蹲，膝盖外开。

（3）双脚要全脚掌平铺地面。

（三）擦地练习

练习过程

准备位：五位脚站立，芭蕾一位手，面向 8 点。

（1）1–2 拍：右腿向前擦地。

3–4 拍：擦地收回，眼睛看向左手。

5–8 拍：重复（1）1–4 拍动作。

（2）1–2 拍：右腿向前擦地。

3–4 拍：擦地收回，眼睛看向左手。

5–6 拍：五位蹲。

7–8 拍：起的同时，左手向前伸长，双手手心朝下，眼睛往左手延伸出去的方向看。

（3）1–2 拍：右腿向后擦地。

3–4 拍：擦地收回，眼睛看向右手。

5–8 拍：重复（1）1–4 拍动作。

（4）1–2 拍：右腿向后擦地。

3–4 拍：擦地收回，眼睛看向右手。

5–6 拍：半蹲。

7–8 拍：转向一点方向，手打开到七位。

（5）1–2 拍：向旁擦地，右腿出。

3–4 拍：收后，眼睛看左手向外延伸。

5–6 拍：向旁擦地，右腿出。

7–8 拍：收前，眼睛看右手向外延伸。

重心移动练习

（6）1–2拍：向旁擦地，右腿出，手七位上向外延伸。

　　　3–4拍：左腿主力腿蹲，左手收到一位。

　　　5拍：　　右腿落半脚尖，腿伸直，左手到二位。

　　　6拍：　　左腿向旁立半脚尖伸直，把重心移到左腿上，手打开到七位。

　　　7–8拍：右腿落五位，蹲。

（7）1–2拍：向旁擦地，左腿出。

　　　3–4拍：收后，眼睛看右手向外延伸。

　　　5–6拍：向旁擦地，左腿出。

　　　7–8拍：收前，眼睛看左手向外延伸。

（8）1–2拍：向旁擦地，右腿出，手七位上向外延伸。

　　　3–4拍：右腿主力腿蹲，右手收到一位。

　　　5拍：　　左腿落半脚尖，腿伸直，右手到二位。

　　　6拍：　　左腿向旁立半脚尖伸直，把重心移到右腿上，手打开到七位。

　　　7–8拍：最后面向一点五位脚，一位手，收回。

练习要求

（1）擦地时，不要出胯，注意头和身体的协调配合。

（2）舞姿的位置要准确，强调腿的外开，注意动作的协调。

（四）小跳练习（图2-2-30）

练习过程

准备位：一位脚站立，芭蕾一位手。

第一段

（1）1–2拍：一位半蹲。

　　　3–4拍：膝盖直立，回到准备动作。

　　　5–6拍：立半脚掌。

　　　7–8拍：压脚后跟。

（2）1–2拍：一位半蹲。

　　　3–4拍：一位小跳一次。

　　　5–8拍：膝盖直立，回到准备动作。

（3）重复（1）的动作。

（4）重复（2）的动作。

（5）1–4拍：看向7点，一位小跳一次。

　　　5–8拍：膝盖慢慢直立。

（6）1–4拍：看向5点，一位小跳一次。

　　　5–8拍：膝盖慢慢直立。

（7）1–4拍：看向3点，一位小跳一次。

　　　5–8拍：膝盖慢慢直立。

图2-2-30　小跳练习

（8）1-4拍：看向1点，一位小跳一次。

　　　5-8拍：膝盖慢慢直立。

第二段

（1）1-4拍：快速做一位小跳三次。

　　　5-8拍：膝盖慢慢直立。

（2）1-4拍：重复（1）1-4拍动作。

　　　5-8拍：膝盖慢慢直立。

（3）1-4拍：快速做二位小跳三次。

　　　5-8拍：膝盖慢慢直立。

（4）1-4拍：快速做二位小跳三次，最后一次落回一位。

　　　5-8拍：膝盖慢慢直立，结束。

练习要求

（1）跳起时，脚推地的瞬间绷脚，大腿内侧肌需收紧。

（2）注意控制好身体，使之垂直于地面，腰部需收紧。

（3）落地时需加蹲，膝盖保持弹性。

小跳练习

思考与练习

1.简单描述芭蕾舞的发展史。

2.芭蕾舞的动作特征有哪四点？

3.幼儿的芭蕾舞基础训练从哪个部分开始？

拓展学习

芭蕾舞剧赏析

芭蕾舞剧《雷雨》

编导：胡蓉蓉、林心阁、杨晓敏

作曲：叶纯之

表演者：汪齐凤、杨新华、杜红玲等

演出单位：上海芭蕾舞团

首演时间：1981年

芭蕾舞剧《雷雨》是根据曹禺同名话剧改编。"开拓芭蕾民族化道路，使我国年轻的芭蕾艺术更富于民族风格和民族气派"，是编导的真诚心愿。作品从人物刻画入手，集中地采用现实主义的创作方法，情节严谨，细节精练，不回避用舞蹈表现复杂的矛盾冲突，大胆地、正面地揭示人物的多层次的心理变化，基本体现了原著的主题思想，从而具备了强烈的艺术感染力。《雷雨》的编排十分注意从人物的内心出发设计舞蹈。剧中的舞蹈动作有鲜明的含义，传情清晰，有强烈的剧场效果。剧中的双人舞编排合理，流畅自如。托举技巧用得比较准确，双人舞造型与人物情感很吻合，在揭示人物心理的同时形成了舞剧的高潮。该剧从话剧改编而来，自然地带有"话剧型舞剧"的艺术特色。其中大量的哑剧化表演构成了一种自然晓畅又紧密扣合人物心态的舞蹈语言风格。许多人在论及《雷雨》时提到了第三幕接近尾声时，编导采用交响方法所编排的一段八人舞，既刻画了不同人物的心理，又较好地起到了强化高潮的作用，这在当时舞剧创作中是很有新意的开拓性工作。《雷雨》在戏剧与芭蕾两种艺术的结合上做出了新的尝试，该剧的成功，为中国舞剧创作提供了新的经验。

芭蕾舞剧《祝福》

编剧：蒋祖慧、刘廷禹、陈敏凡、蒋维豪

编导：蒋祖慧

作曲：刘廷禹

表演者：郁蕾娣、武兆宁等

演出单位：中央芭蕾舞团

首演时间：1981 年

芭蕾舞剧《祝福》根据鲁迅同名小说改编。第二幕是全剧的精华，演绎出中国芭蕾舞剧的独特魅力。第二幕中，贺老六家喜气洋洋，张灯结彩，众人迎接来了新娘。当贺老六一层层揭开祥林嫂的红盖头时，发现祥林嫂被捆住双手、被毛巾封堵了嘴，众人惊讶无比。祥林嫂悲愤于自己不幸的命运，以头撞案寻死，昏迷了过去。待她醒后，贺老六细心照料，诚意相劝，憨厚质朴的贺老六，终于得到了她的信赖和感激，两颗受难的心相互慰藉，渐渐地靠近。编导运用群舞交代戏剧冲突的背景，烘托气氛，运用独舞、双人舞揭示主人公的心理状态和命运，剧情跌宕起伏，在舞蹈语言的用"词"上追求丰富而准确的潜台词，同时又不失芭蕾之形式美，构成了芭蕾舞剧《祝福》的主要特点。

剧中有些细节，是原小说中没有而编导为发挥舞蹈感染力加入的，如很富有戏剧性的"三揭红盖头"。祥林嫂身着红嫁衣，头罩红盖头被众人拥到贺老六家。贺老六憨态可掬地蹭到祥林嫂跟前，极不好意思地揭开了红盖头，谁知里面还有一层绿盖头，揭了绿盖头，新娘的脸却仍然躲在蓝盖头后面。大家的心都沉浸在欢喜中，也更急切地想见到新娘。第三层盖头终于揭开了，没料到看见的却是祥林嫂被毛巾堵住的嘴，愤怒而绝望的眼睛，以及在红嫁衣后面被紧紧捆住的双手。这场戏的设计可谓别出心裁。它形象地反映出祥林嫂的社会地位和生活状况，充满地方风俗味道，又造成戏剧的悬念；它是戏剧冲突大爆发前的幽默的引子，又是刻画贺、祥二人性格的神来之笔。

第三节　中国古典舞基础训练与古典舞身韵

一、中国古典舞基础训练的特点

根据中国古典舞舞种的特性需要，以中国古典舞审美意识为基点，在明确中国古典舞基训课的属性的原则下，确定训练的目的和手段，培养既有中国古典舞的神韵又有中国古典舞技术技巧的具有全面能力的学习者，是中国古典舞训练的目的。

（一）外形特点

除直立外，拧、倾、圆、曲的外形特点是中国古典舞基础训练区别于其他训练的外部特征。以躯干为核心的重要特征，是完成中国古典舞舞姿以及古典舞技术技巧的重要环节。各类舞姿在规格、要求上的特殊性构成中国古典舞鲜明的风格性。

（二）能力要求

出于外形特点以及技术技巧的需要，中国古典舞需要大幅度的软开能力（柔韧性）和全面的素质能力，它对头、颈、肩、胸、腰、髋、上肢、下肢各个部位的回旋幅度要求很大，同时所需要的不仅是软开度而且还有力量，因此，刚柔并济是中国古典舞素质能力的特点和训练上追求的目标。

（三）动作特点

以腰为轴，以胯为本，以脚为根是中国古典舞的发力方法和运动意识，缺少或根本没有这种用力方法和运动意识，就不能达到中国古典舞的审美要求。

（四）连接特点

平圆、立圆、8字圆是中国古典舞所有连接动作的规律特点，而8字圆又是各种转换连接中的必然过程，是转换的衔接点，在运用过程中有时是局部的，在审美上它是一个弧线，离开了弧线也就没有了圆，没有圆就没有了动势，而缺少了动势的动作变化就是生硬的，就会不顺、不圆、不流畅自如。

（五）节奏特点

平铺直叙不是中国古典舞所要的节奏，也达不到古典舞的审美要求，而抑扬顿挫、轻重缓急，是古典舞节奏特征的概括，无论从外部形态的要求标准，到内在意识的发掘阐释，都是对中国古典舞风格特性的恰当比喻。这是我们民族文化的底蕴，它体现了中华民族的民族精神和审美特征。正如中国的书法、绘画、雕塑、壁画体现出静中有动的神韵和节奏，舞蹈就是流动的书法和雕塑，因此中国古典舞的运动节奏是中国古典舞基本特征的重要组成部分，没有这种节奏特征的训练就会缺少中国古典舞的神韵要求。

二、中国古典舞基础训练的动作

（一）基本手形

基本手形分为掌形、拳形和指形。

1. 女掌

女掌也叫兰花掌。拇指与中指相贴，指根下压，食指到小指逐一伸直错开，中指突出，小指微翘呈兰花状。（图 2-3-1、图 2-3-2）

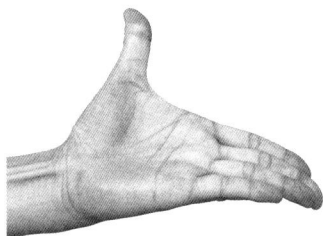

图 2-3-1　女掌 1　　　　　　　　　　　　图 2-3-2　女掌 2

2. 男掌

男掌也叫虎口掌。五指在伸直的状态下，虎口尽力张开指根压紧上翘。掌外侧用力外推，掌心呈涡状。（图 2-3-3、图 2-3-4）

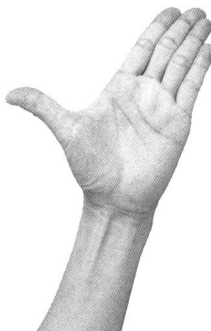

图 2-3-3　男掌 1　　　　　　　　　　　　图 2-3-4　男掌 2

3. 女拳

女拳也叫凤头拳、空心拳。五指在卷曲的状态下，拇指与食指、中指相贴，无名指与小指逐一错开。（图 2-3-5、图 2-3-6）

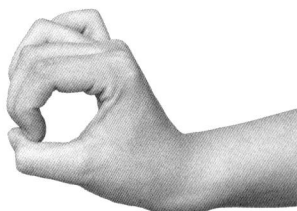

图 2-3-5　女拳 1　　　　　　　　　　　　图 2-3-6　女拳 2

4. 男拳

男拳也叫虎头拳、实心拳。五指在卷曲的状态下，拇指贴于食指、中指外侧，翘腕。（图 2-3-7、图 2-3-8）

图 2-3-7　男拳 1　　　　　　　　　图 2-3-8　男拳 2

5.女指

女指也叫兰花指、单指。食指伸直上翘，拇指与中指相贴呈圆形，无名指与小拇指逐一错开。（图 2-3-9、图 2-3-10）

图 2-3-9　女指 1　　　　　　　　　图 2-3-10　女指 2

6.男指

男指也叫剑指、双指。食指与中指并拢伸直上翘，拇指与无名指、小指相贴呈圆形。（图 2-3-11、图 2-3-12）

图 2-3-11　男指 1　　　　　　　　　图 2-3-12　男指 2

（二）基本脚形

基本脚形有四种。

1.勾脚

勾脚是通过脚趾关节和踝关节向上勾和脚跟向远蹬而形成的动作。（图 2-3-13）

2.绷脚

绷脚是脚背、踝关节和脚尖向外伸展的动作。（图 2-3-14）

基本手形、脚形

3. 扟脚

扟脚是在绷脚的基础上脚尖向内旋，踝关节向里转。（图2-3-15）

4. 撇脚

撇脚是在勾脚后，以脚踝为轴，脚尖向外撇。（图2-3-16）

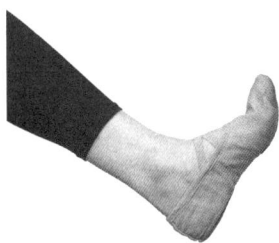

图2-3-13　勾脚　　　　图2-3-14　绷脚　　　　图2-3-15　扟脚　　　　图2-3-16　撇脚

（三）擦地组合（图2-3-17）

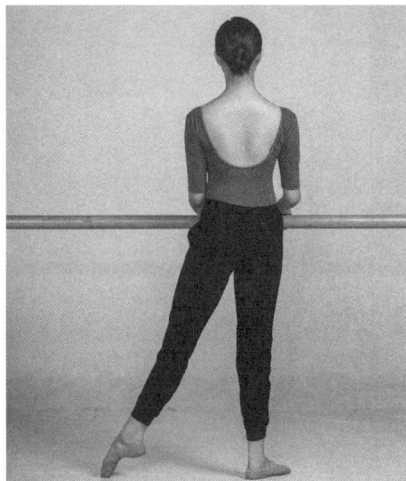

擦地训练主要作用于脚趾、脚背、脚踝的力量及关节的灵活性。还可以加强身体重心的稳定性，训练腿部肌肉的外开与延伸及主力腿的控制能力。

练习过程

音乐：4/4，共12×8拍。

准备位：双手扶把，一位站立。

准备拍：保持姿态不变。

（1）1拍：　右脚旁擦出同时左腿半蹲。

　　　2拍：　收回一位同时左腿伸直。

　　　3拍：　一位半脚掌。

　　　4拍：　落一位半脚掌。

　　　5拍：　右脚旁擦出。

　　　6拍：　收回一位。

　　　7拍：　右脚旁擦出。

　　　8拍：　移重心落二位。

图2-3-17　擦地组合

（2）1-2拍：二位半蹲一次。

　　　3拍：　二位半脚掌。

　　　4拍：　落半脚掌同时重心移回左腿右旁点地。

　　　5-7拍：左脚连续一位旁擦地三次，重拍在里。

　　　8拍：　收回一位。

（3）1拍：　右脚前擦出。

　　　2拍：　收回一位。

3 拍：　　右脚旁擦出。

4 拍：　　收回一位。

5 拍：　　右脚后擦出，收回一位同时半蹲。

6-7 拍：右脚从前环动到后同时左腿伸直。

8 拍：　　收回一位。

（4）1 拍：　　抬右前腿 90° 同时左腿半蹲。

2 拍：　　吸回右前腋腿同时立半脚掌。

3-5 拍：下胸腰。

6 拍：　　上身还原，右脚落一位半脚掌。

7-8 拍：落一位。

（5）-（6）重复（3）-（4）的动作。

（7）-（12）重复（1）-（6）的反面动作。

练习要求

（1）向旁擦地时，动力腿的脚跟前顶，保持全脚向旁擦出，脚掌、脚尖延伸点地，脚跟向前顶与脚尖保持一条线。收回时要保持立腰、提胯，动力腿回到预备状态。

（2）向前擦地时，动力腿的脚跟前顶，保持全脚向前擦出。擦地时要固定胯的位置，收回时脚尖主动发力，动力腿保持外开状态。

（3）向后擦地时，脚跟前顶，脚尖主动，保持全脚向后擦出，脚掌、脚尖延伸点地，脚背向旁。收回时脚跟主动发力，身体保持立腰、提胯的状态。

擦地组合

（四）蹲组合（图 2-3-18）

蹲是脚在不同位置上所做的腿的屈伸练习，对拉长跟腱韧带，加强踝关节、膝盖的柔韧能力起着重要作用。蹲是一切动作的基础，所有舞蹈技术技巧要求的韧性和弹性功能，以及一切动作起动的动力和落地的稳定性都以正确的蹲为前提。因此必须在腿完全外开的基础上，通过蹲的训练来锻炼大腿、小腿、脚腕的外开能力。此外，蹲对膝关节、踝关节、跟腱的韧性和弹性训练也尤为重要。

图 2-3-18　蹲组合

练习方法

蹲的练习方式有两种，分别是半蹲和全蹲。在蹲的练习中，需保持上身直立、收腹、立腰、提胯、沉肩，大腿肌肉收紧并保持外开。

半蹲时，双腿膝盖对脚尖方向，臀部收紧对脚跟方向，脚跟踩实，加深半蹲的幅度，拉长跟腱，起直时全脚用力踩地，回到预备状态。

全蹲是在半蹲的基础上继续下蹲，脚跟被迫抬起后，马上起直。蹲起过程要连贯，先压脚跟再回到半蹲，由半蹲回到预备状态。

练习过程

音乐：4/4

准备位：单手扶把，一位脚站立，背手预备。

1—2拍：半蹲。

3—4拍：继续下蹲到极限后，脚跟被迫抬起，再逐渐加深蹲。

5—6拍：先下压脚跟，慢慢推起到半蹲。

7—8拍：不停顿地升起直立，收回准备位。

练习要求

进行蹲的练习时，必须按站位的要求，躯干直立、收腹、立腰、提胯、沉肩，大腿肌肉收紧向外旋到极限。下蹲两膝盖对脚尖方向，臀部收紧对脚跟方向，脚跟踩实，加深半蹲的幅度，拉长跟腱，起直时全脚用力踩地起直为止。全蹲是在半蹲的基础上继续下蹲至脚跟被迫有控制地稍抬起到位后马上起直，蹲起过程要连贯，先压下脚跟起直到半蹲，再由半蹲起到两腿完全伸直。

（五）腰组合（图2-3-19）

腰是躯干训练的核心部分，对腰的训练可以归纳为以下几个方面：腰的柔韧性、腰的力量、腰的灵活性、腰的协调性等。这些是构成舞姿所需要的大开、大合、屈伸、拧倾、俯仰，并运作大幅度动作时所必备的条件，使躯干更富有表现力。

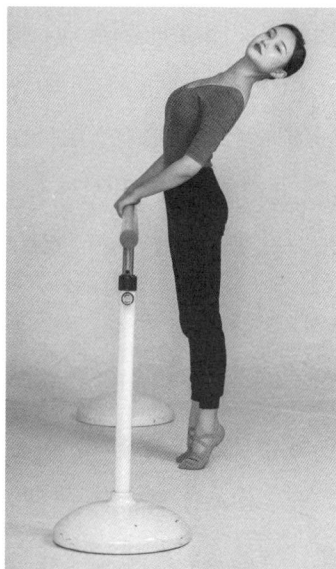

图2-3-19 腰组合

练习过程

音乐：4/4，共4×8拍。

准备位：身体面对三点，左弓箭步，右手向七点，左手向三点伸出。

（1）1—2拍：右手打开三点，左手至七点仰胸，脚大八字步。

3—4拍：左手向上划至三点，右手下划至七点，成右腿对六点踏步。

5—6拍：左手下划至三点，右手上划至七点，脚经左弓箭步移动至右弓箭步。

7—8拍：停在右弓箭步上。

（2）1—2拍：左手打开七点，脚大八字步蹲。

3—4拍：右手划至七点，左弓箭步。

5—8拍：收回准备位。

（3）1—2拍：右手打开七点，左手至三点仰胸，脚大八字步。

3—4拍：右手向上划至七点，左手下划至三点，成右腿对四点踏步。

5—6拍：右手下划至七点，左手上划至三点，脚经右弓箭步移动至左弓箭步。

7—8拍：停在左弓箭步上。

（4）1-2拍：右手打开三点，脚大八字步蹲。

　　　　3-4拍：左手划至三点，右弓箭步。

　　　　5-8拍：收回准备位。

练习要求

（1）下前腰时，八字步预备，上身主动与主力腿折叠，保持前腰顶直，后背拉平，膝盖直立。起身时，由手带动上身起直。身体要保持收臀、直膝、立腰的状态。

（2）下后腰时，八字步预备，一手扶把，另一手托掌向上平伸，眼跟手走，手先向后带动上身，由肩到胸腰，再从中腰到大腰。起身时，按照下腰相反的顺序，从大腰、到中腰、到胸腰、到肩，逐步回到准备位。身体要保持提胯、收臀、直膝的状态。下腰和起腰都要按照顺序逐步完成，呼吸要自然、顺畅。

（3）弓箭步的幅度要到位，膝盖与脚尖基本形成垂直状，手臂与胸腰完全展开，身体保持在一个斜面，后腿伸直，后脚踩实，整个舞姿形成一个大斜线。

腰组合

（六）大踢腿组合（图2-3-20）

大踢腿是经过擦地快速踢腿至90°或90°以上的动作。主要训练腿的力量、速度和爆发力，同时也能增强后背和主力腿的稳定性和控制能力。

练习过程

音乐：2/4，共4×8拍。

准备位：双手或单手扶把，五位站立，山膀手。

（1）1-2拍：向前擦地。

　　　　3-4拍：前大踢腿，落地点地。

　　　　5-6拍：停在前点地。

　　　　7-8拍：收。

（2）1拍：　前擦出点地。

　　　　2拍：　向前大踢腿。

　　　　3拍：　落地点地。

　　　　4拍：　收回准备位。

（3）1-2拍：向旁擦地。

　　　　3-4拍：旁大踢腿，落地点地。

　　　　5-6拍：停在旁点地。

　　　　7-8拍：收。

（4）1拍：　旁擦出点地。

　　　　2拍：　向旁大踢腿。

　　　　3拍：　落地点地。

　　　　4拍：　收回准备位。

图2-3-20　大踢腿组合

练习要求

（1）大踢腿练习中，动力点在脚跟，不能用大腿带动发力。落地时，要有控制地轻落，收回到准备位，踢腿过程中要控制主力腿和躯干、后背的稳定。

（2）大踢腿练习的初期不用踢得过高，在掌握了训练方法和具备相应的能力后，再逐步提升踢腿的高度和速度。

大踢腿组合

三、中国古典舞身韵的理论概述

（一）审美特征

中国古典舞身韵源于中国戏曲和中国武术，但又打破了戏曲和武术的行当性与套路化，更注重局部与整体、外部技术与内部韵律的结合，是既具民族风格、又有舞蹈特性和时代精神的舞蹈种类。

中国古典舞身韵的审美特征可以概括为"形、神、劲、律"四个字，它体现了从内到外、从形到神、从力度到动律的人体艺术美学规律。古典舞身韵是古典舞特定的艺术规范和审美特征要求下的重要表现手段，即身法与韵律，这也是中国古典舞的艺术灵魂。古典舞身韵的形成，是从提炼元素入手的，提炼"元素"也就是把程式化的、凝固式的造型抽象成为活的基因，如同音乐中的音符一样。将"元素"进行不同组合的排列，获得多种的合成方式，就能产生出无穷无尽的新作品。

中国古典舞身韵的审美特征

（二）训练特点

中国古典舞身韵中最基本的要求是掌握"形"的特征和"神"的体现。动作训练的要求为"起于心，发于腰，形于体"，也就是说一切应由内部的意念开始，通过腰部和中轴运动而带动躯干的整体行动，才能达到"形神兼备、内外统一、身心并用"的训练要求。身法即腰法，这里所谈的"腰"，不是泛指腰部训练的软度和力度等，而是它在动作中起主导和枢纽作用的"动律"。这种以腰部为轴心的动律，是经过对一切动作分析、概括、提炼，使之成为不同于某一具体或完整动作而成为概括性的"元素"，那就是"提、沉、冲、靠、含、腆、移"。这些动律元素是由心意带动呼吸，再由呼吸去支配腰部而体现的。这一规律贯通于所有古典舞的动作中，可以说是初步掌握了身韵"形、神、劲、律"走向统一的诀窍。

为了使训练能够集中、明确、有效，首先要体会到以腰带动的感觉，达到身韵技术上的动力定型。因此，在身韵训练中，要从"盘坐"的位置上开始，"盘坐"如同基本功训练中的"扶把"一样，它可以使身韵的训练集中到某一点上。在坐的位置上，通过下盘固定，以免混淆腰和胯的用力不同，真正感觉到了各种以腰为轴的动律后，再站立起来练习，加上手臂的配合，以至全身融会贯通。这也是中国古典舞身韵训练本身的基本过程。

中国古典舞身韵的训练特点

四、中国古典舞身韵的元素训练

中国古典舞身韵的元素训练都以"盘坐"位为预备状态。盘坐时要注意，臀部全部着地，双腿盘于身前，开胯。后背自然垂直，肩胸放松，眼平视。手腕搭于膝上，双肘放松，也可双手背于身后，肘尖下垂。(图2-3-21)

图2-3-21　盘坐

(一)提、沉、移

"提沉"是联系起来之称，事实上动律必然是先"沉"而后"提"或先"提"而后"沉"的。提、沉是躯干的"上下"动律。

1. 沉(图2-3-22)

练习方法

在坐的姿态上通过呼气使气息下沉，感觉气没丹田，以沉气之力带动腰椎从自然垂直状一节一节下压而形成胸微含、身微弯状，在此过程中眼皮随之沉气而徐徐放松。

2. 提(图2-3-23)

练习方法

在"沉"的基础上深吸气，感觉气由丹田提至胸腔，同时以胸之力而带动腰椎由微弯状一节一节直立，感觉头部顶向虚空，提至胸腔之气不能静止憋住，随着"头顶虚空"而感觉向上延伸，同时眼皮也由微松状逐渐张开，眼睛放神。

3. 移(图2-3-24)

移是腰肩进行左右水平运动的"横线"动律。

练习方法

要求肩部在腰的发力下向左或右的正旁移动，它与地面成横线的水平运动。先提后沉，在沉的过程中，以腰发力，用肩带动向旁拉长腰肋肌，头与运动方向相反。

练习要求

移是横向动势，因此要有不断延伸感。

提、沉、移

图2-3-22　沉

图2-3-23　提

图2-3-24　移

（二）冲、靠

冲、靠是在提、沉基础上躯干的"斜移"动律。

1. 冲（图2-3-25）

练习方法

在沉的过程中用肩的外侧和胸大肌向8点或2点水平冲出，肩与地面要保持平行线，切忌上身向前倾倒，感觉腰侧肌拉长。头有两种配合方法，一种是头和肩相反的，如肩向左冲，头略向右偏，眼和冲的方向一致。另一种在冲的过程中头向右转成后看状。

2. 靠（图2-3-26）

练习方法

靠和冲是一对相反的不可分割的动律。在沉的过程中用后肩部及后侧肋带动上身向4点或6点靠出，感觉前肋往里收，后背侧肌拉长。要求肩与地面保持水平拉出，绝不是向后躺倒之感。上身如向右靠，头则微向左转，眼平视放神，头及颈部略向下梗，不是向上仰状。

图2-3-25　冲

图2-3-26　靠

冲、靠

（三）含、腆

在元素动律中，含、腆是极为重要的，它们是构成身法具有韵律感所必须有的过程。含和腆也是一对不可割裂的相反动律，它们是提、沉直接的发展与强化的结果。因此，含、腆是形成以胸腔和后肩为推力与缩力的"前后"动律。

1. 含（图2-3-27）

练习方法

过程和沉一样，但加强胸腔的含收，双肩向里合挤，腰椎形成号形，空胸、拔背、低头，含也可叫做"吞"。注意与提、沉不同的特点在于含和腆是里合外开的前后运动。但含的"里合"不是弯腰，而是感觉双肩里合与胸腔收缩。因此，练习初期可用双手抱肩、寻找感觉。

2. 腆（图2-3-28）

练习方法

腆与含是相反的运动。它是在提的过程中，双肩向后掰胸尽量前探，头微仰，使上身的肩胸完全舒展开。

图2-3-27　含

图 2-3-28　腆

含、腆

五、中国古典舞身韵的综合训练

（一）云肩转腰

将中国古典舞身韵的基本动律元素贯穿起来，所形成的动作就是"云肩转腰"。它除了具备把腰部练灵活的训练价值，还是古典舞所有平圆动作的基础。在熟练掌握以后，即可运用于舞姿的完成、步法的起动、舞姿转的连接起法儿等。它集中体现了传统对身法所概括的"起于心、发于腰、形于体"的特点和规律，尤其是它自身的"形"与"神"都极富于风格性和韵律感。在节奏处理上它也提供了点线变化的很大可塑性。

练习方法

地面盘坐，以腰为轴完成上肢的 360° 平圆环动。练习需要按照循序渐进的原则来逐步完成，先进行不加手的练习，与动律元素的练习步骤相同，但要强调动作的连贯性，然后再进行单手及双手练习。（图 2-3-29、图 2-3-30、图 2-3-31、图 2-3-32）

图 2-3-29　云肩转腰 1

图 2-3-30　云肩转腰 2

图 2-3-31　云肩转腰 3

图 2-3-32　云肩转腰 4

练习要求

必须保持以腰为轴的"磨盘式"的平面运动，尤其要强调"含"与"腆"的过程。"云肩转腰"有一句口诀叫"身带手、身让手、身推手"，即在"移"时，手要主动把身体拉出去；"含"时，身体要主动收缩把手让过去；"腆"时，胸部要主动把手臂推向前。

云间转腰

（二）头、眼组合

头部在舞姿造型和动态过程中起着极其重要的作用，它与其他部位的训练一样，有其自身的规律及严格的专业化要求，在舞蹈课程中上如果忽视了头的训练，学生就没有正确运用头的意识和习惯，对整个舞姿造型和动态过程的展现都会起到破坏整体审美的作用。舞蹈课程中明确了头部训练的规格和要求，是为了今后在各种舞姿训练中使头的位置、运动路线保持正确、严谨，从而为运动过程中头与躯干、上下肢的关系及技术技巧中头的运用方法打下良好的专业基础。

眼睛的运用是古典舞特有的方式，是民族审美特殊的表现形式，眼睛是表达人物内心情感变化的手段和工具，因此古典舞对眼睛必须进行专业化的、严格细腻的训练，才能为以后的运用养成良好的习惯，并且始终贯穿在头、眼及整个身体各部分运用的整体配合中。

在中国古典舞训练中，身体在面对任何一个方向时，正前方就是正中的位置，以正中为中心点，向左、右两个方向进行的头部运动，是围绕着水平面横向运动的位置变化。以正中为中心点，向上、下两个方向进行的头部运动，是沿着纵向运动的，是角度上的位置变化。

头的基本位置：

1. 正中位、正上位或正下位

正中位对应身体面对的正前方（图2-3-33），正上位对应正中位沿着纵线向上45°方向（图2-3-34），正下位对应正中位沿着纵线向下45°方向（图2-3-35）。

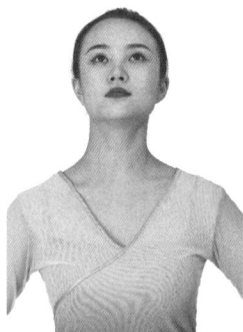

图2-3-33 正中位	图2-3-34 正上位	图2-3-35 正下位

2. 左中位或右中位

从正中位沿水平线向左或向右转动45°。（图2-3-36、图2-3-37）

图 2-3-36　左中位　　　　　　　　图 2-3-37　右中位

3. 左上位或右上位

从左中位或右中位沿着纵线向上 45°。（图 2-3-38、图 2-3-39）

图 2-3-38　左上位　　　　　　　　图 2-3-39　右上位

4. 左下位或右下位

从左中位或右中位沿着纵线向下 45°。（图 2-3-40、图 2-3-41）

图 2-3-40　左下位　　　　　　　　图 2-3-41　右下位

5. 左侧倾位或右侧倾位

从正中位向左或向右侧倾 45°。（图 2-3-42、图 2-3-43）

图 2-3-42　左侧倾位　　　　　　　图 2-3-43　右侧倾位

6.左转头位或右转头位

从正中位向左或向右沿水平线转动90°。（图2-3-44、图2-3-45）

图 2-3-44　左转头位 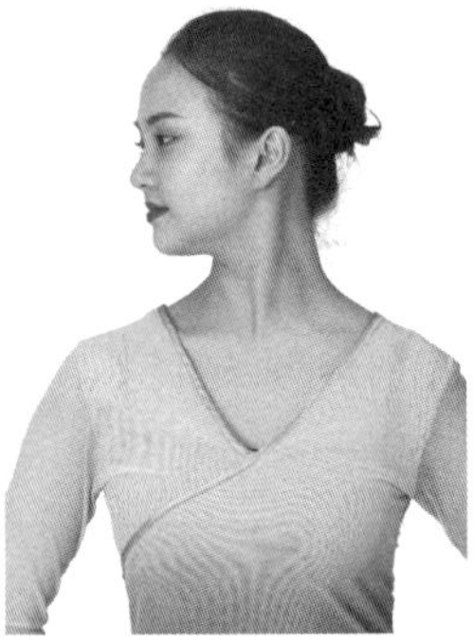　　　　　图 2-3-45　右转头位

练习过程

预备位：面向1点方向，头正中位。

节奏处理：音乐2/4，中速。

准备拍最后一拍，眼光自然垂下。

第一段

（1）两个八拍一次放和收，反复练习。

如：第一个八拍眼光从下渐渐放出到正中位。

　　第二个八拍眼光从正中位渐渐收回到自然垂下。

（2）一个八拍一次放和收，反复练习。

如：1-7拍：眼光从下渐渐放出到正中位。

　　8拍：　眼光自然垂下。

（3）一个八拍一次，四拍放，四拍收，反复练习。

如：1-4拍：眼光从下渐渐放出到正中位。

　　5-8拍：眼光自然垂下。

第二段

（1）一个八拍一次，从左或右中位，眼光放出巡视到右或左中位，往返反复练习。

（2）一个八拍一次的巡视到左中位或右中位时，再在此位置上做收、放练习。

如：1-7拍：从左中位巡视到右中位。

　　8拍：　眼光自然垂下。

　　2-4拍：在右中位放出。

　　5-7拍：在右中位上收。

　　8拍：　放出。

　　3-7拍：从右中位巡视到左中位。

　　8拍：　眼光自然垂下。

　　4-4拍：在左中位上放出。

5-7拍：在左中位上收。

8拍：　眼光自然垂下。

练习要求

（1）引导学生从内心出发，做到由内而外，由内心的感觉支配眼睛的运用。

（2）点、线的单一反复练习，养成习惯。并注意在其他训练中贯穿眼睛的运用要求。

头、眼组合

（三）基本手位

中国古典舞身韵的基本手位是指由双臂在不同位置所配合而形成的不同状态，分别为单山膀、双山膀、顺风旗、托按掌、双托掌、山膀按掌、冲掌、双提襟。要求双臂无论怎样变化，运用起来却又离不开"下、旁、上、前"这四个基本位置。常用的基本手位有以下几种。

1. 山膀

在身体侧面保持掌形，沉肩，手肘内旋并稍微弯曲呈圆臂状，与肩保持平行。（图2-3-46）

2. 按掌

在胸前保持掌形，沉肩，手肘内旋呈圆臂状。（图2-3-47）

3. 端掌

也叫胸托掌，在胸前保持掌形，沉肩，手肘外旋呈圆臂状。（图2-3-48）

4. 托掌

在头部上方保持掌形，沉肩，手肘内旋并稍微弯曲呈圆臂状，肋部向上挺拔。（图2-3-49）

图2-3-46　山膀　　　图2-3-47　按掌　　　图2-3-48　端掌　　　图2-3-49　托掌

5. 扬掌

在肩部上方45°保持掌形，沉肩，手肘外旋保持直臂，掌心向上。（图2-3-50）

6. 双合掌

双手按掌，双手在胸前，手腕交叉。（图2-3-51）

7. 山膀按掌

山膀和按掌的组合手位。

8. 山膀托掌

也叫顺风旗，山膀和托掌的组合手位。（图2-3-52）

图2-3-50　扬掌　　　　图2-3-51　双合掌　　　　图2-3-52　顺风旗

练习过程

准备：小八字步，双手自然下垂，目视1点。

　　　5-6拍：保持姿态不变。

　　　7-8拍：右脚撤步成左前丁字步，双手叉腰，目视8点。

（1）1-2拍：提，同时双手自然下垂，左脚慢抬起，右手经胸前提至托掌位，左提襟，目视右手方向。

3-4拍：突压右脚跟半蹲，抬左勾脚旁腿45°，身对2点右旁提，目视4点上方。

5-6拍：左脚落地，重心左移，右手向外下划立圆。

7-8拍：左腿半蹲，右腿向8点吸撩点地。右按掌、左提襟，身向4点靠出，目视8点上方。

（2）-（4）重复（1）的动作。

练习要求

（1）手位变化时，亮相寸劲不要过大，所有造型都要刚中带柔。

（2）弓箭步亮相下蹲时，腰要往上拔。

（3）主要强调线中有点，可用节奏的不同变化来进行处理。

基本手位

（四）基本步位

1. 八字步（图2-3-53、图2-3-54）

八字步分小八字步和大八字步，小八字步是最自然、最松弛的一种姿态，也是身韵训练中最常用的步位。

训练要求

身体直立，双肩放松，双臂自然下垂，头对正前方，双目自然平视，双脚成脚跟并拢、脚尖对2、8点的小八字状，双臂背于身后，双肘微向内旋，双手背贴于胯下。

图 2-3-53 小八字步　　　　　图 2-3-54 大八字步

2. 丁字步（图 2-3-55）

丁字步是古典舞最具典型性的站式，俗称"子午相"。古典舞最基本的"拧"和"神态"从丁字步的站式中可以体现出来。

训练要求

前脚跟对着后脚心成丁字状。头和前脚尖对 8 点，身体向 2 点。收腹提胯、腋空肩平，小腹收紧，气息上提，双目平视凝神，双臂自然下垂，也可背手。

3. 踏步（图 2-3-56、图 2-3-57）

图 2-3-55 丁字步　　　　图 2-3-56 踏步 1　　　　图 2-3-57 踏步 2

踏步有两种形态：一种是后脚掌踩地，主重心在前脚；另一种是后脚绷脚点地，重心在前脚，后脚虚点地。

训练要求

在丁字步基础上，后脚自然虚踏于后，身体重心微向前，其他要求同丁字步。手的位置可自然下垂也可背手。

4. 点步（图 2-3-58、图 2-3-59、图 2-3-60）

图 2-3-58　点步 1　　　　图 2-3-59　点步 2　　　　图 2-3-60　点步 3

练习要求

在丁字步基础上，前脚虚点于前、旁、后，重心在后脚上，身体微横拧。头和脚尖方向相反。手的位置可自然下垂，也可背手。

基本步位

（五）舞姿组合一

舞姿组合一的主干动作为"双晃手"，主要训练整个上肢"立圆"的感觉，包括呼吸的吞吐，腰胸的提沉，手臂三节（肩、肘、腕）的配合，颈部环动、眼随手走的感觉，节奏的轻重缓急、点线处理等。双晃手是具有很强训练性的身法连接动作。（图 2-3-61、图2-3-62、图 2-3-63、图 2-3-64）

练习过程

准备：身对 2 点，小八字步，双手自然下垂，目视 2 点。

5-6 拍：保持姿态不变。

图 2-3-61　双晃手 1　　　图 2-3-62　双晃手 2　　　图 2-3-63　双晃手 3　　　图 2-3-64　双晃手 4

7-8拍：撤右脚成左前点步，左手心向上肋旁位、右山膀，目视1点。

（1）1-2拍：向2点上步半脚尖，同时双手在胸前顺时针晃手，目随手动。

3-4拍：向7点出左弓步，上身横拧，左托掌、右按掌，目视1点。

5-6拍：做逆时针双晃手。

7-8拍：右正吸腿，再向7点落右脚成左大掖步，上身横拧对1点，同时平抹手拉开至右手心向上平侧位、左提襟位按掌，目视3点。

（2）身对1点，左旁吸腿，左背手、右平侧位，目视2点。

1-3拍：双手逆时针晃手一次。

4拍：身对7点快速右正吸腿，左背手、右手心向上交叉护肩位，目视右手方向。

5-7拍：向8点慢落右脚成右前点步，同时手位拉开至左顺风旗，目视2点。

8拍：身对8点，换手位右手心向上左山膀，目视1点。

（3）1-2拍：向2点上步半脚尖，同时双手在胸前逆时针晃手，目随手动。

3-4拍：向7点出左弓步，上身横拧，左托掌、右按掌，目视1点。

5-6拍：做顺时针双晃手。

7-8拍：右正吸腿，再向7点落右脚成左大掖步，上身横拧对1点，同时平抹手拉开至左手心向上平侧位、右提襟位按掌，目视7点。

（4）身对1点，右旁吸腿，右背手、左平侧位，目视8点。

1-3拍：双手顺时针晃手一次。

4拍：身对3点快速右正吸腿，右背手、左手心向上交叉护肩位，目视左手方向。

5-7拍：向8点慢落左脚成左前点步，同时手位拉开至右顺风旗，目视8点。

8拍：身对2点，换手位左手心向上右山膀，目视1点。

（5）–（8）做反面，重复（1）–（4）的动作，结束收回准备位。

练习要求

提手腕时，手与肘部要放松；双臂尽量往前伸，肘部要向相反方向牵扯；双臂向上尽量伸直，仰头看手，此时原来放松的手掌、双臂要像"抹一堵墙"一样，由上至旁，同时舒缓沉气，腰和肋又向相反的方向牵扯；双手放松下垂，身体恢复正直。一次双晃手的练习中，有手腕的一次环动，双臂的一次立圆晃动，身体的一次"左、上、右、下"的提沉，头、颈、胸、腰的一次环动。

舞姿组合1

在节奏的处理上，要经过"慢而不断、快而不乱"的几个层次要求，也要强调"线中有点、点中有线"，一般"点"的处理都在由旁往上这一瞬间。单一晃手掌握后，可以与腿部的屈伸、各种步位和舞姿相结合，也可以同上步转身、踏步转身相结合练习，它可以同一切立圆动势的动作融为一体。

（六）舞姿组合二

舞姿组合二的主干动作为"盘手"，是由手腕的转动带动臂肘部向外旋或内旋的动作，在身韵练习中是不可或缺的连接动作。（图2-3-65、图2-3-66、图2-3-67、图2-3-68）

图2-3-65　盘手1　　　　图2-3-66　盘手2　　　　图2-3-67　盘手3　　　　图2-3-68　盘手4

练习过程

准备：小八字步，双手自然下垂，目视1点。

　　　5-6拍：准备拍保持姿态不变。

　　　7-8拍：准备拍做一次提沉，同时左背手、右按掌位提腕，上身右旁提。

（1）1-2拍：眼随手动，右上盘手，平圆外旋。同时敞胸，头上平圆慢旋。

　　　3-4拍：眼随手动，右下盘手，平圆内旋。同时含胸。

　　　5-6拍：反复动作时快一倍，要求同1-4拍。

　　　7-8拍：经提，再向左横拧成一字肩，右交叉护肩位，目视5点。

（2）另外一面左盘手动作要求同（1）。

（3）1-2拍：经半蹲上左脚，重心前移。同时右上盘手，敞胸。

　　　3-4拍：重心后移。同时下盘手，含胸。

　　　5-6拍：提，左前点步，右手平臂位，目视3点。

　　　7-8拍：左横拧，同时右腿半蹲，左脚成点地状向前擦出，右交叉护肩位，目视1点。

（4）另外一面左盘手动作要求同（3）。

（5）1-2拍：右脚打开到旁，经含胸，左提襟、右抹手向3点斜上方打开，目视右手方向。

　　　3-4拍：经旁提，同时右外翻手，再右肩后靠，经含胸右手穿回至1-2拍准备姿态。

　　　5-6拍：反复动作时快一倍，要求同1-4拍，同时吸左腿落后大踏步。

　　　7-8拍：深蹲左大掰步，右平抹手打开至3点，左按掌肋旁位，目视右手方向。

（6）另外一面左盘手动作要求同（5）。

（7）1-2拍：反复动作时快一倍，要求同（5）1-4拍。

　　　3-4拍：右腿半蹲，左曲后腿25°，双手心相对胸前交叉，右手经胸前向2点穿出，左
　　　　　　　手提襟位按掌，上身前倾，目视2点。

5-6拍：向2点左前点步再转身成右踏步蹲，同时左平穿手、右反背穿手，左旁点步，目视8点上方。

7-8拍：右手心向上交叉护肩位，上身左旁提，目视2点下方。

（8）另外一面左盘手动作要求同（4）。

练习要求

在进行盘手的练习时，身体要有"提、仰、沉、含"的动律元素贯穿其中，自始至终眼睛要随手动；肘尖要往胸部贴，夹紧腋部；手腕要尽量"前折"，使手指对胸前，腋部张开，这样才能完成盘手的绕动。在短句练习中，可以先分解练习"外旋盘手"，再进行反面练习，当正反盘手可以连接起来时，就已经初步具备身法和韵律了。可以在上步、退步、旁点步、踏步等不断移动重心的过程中去练习盘手，也可在盘手后与舞姿造型结合练习。

舞姿组合 2

课外舞蹈赏析

古典舞蹈《水之韵》

舞蹈形式：群舞

舞蹈编导：杨小玲、杨杉

演出单位：武汉市第一聋哑学校

阳光普照大地，水，从冰山一角破冰而出，一滴，又一滴，流入小溪。它一路欢歌，奔向江河湖泊；奋勇向前，汇入辽阔的大海。听障的孩子就如这水一般，柔弱中蕴含着坚韧，在社会的关爱和自己的坚持中，走出自我，融入社会，找寻到属于自己的人生支点，挑战生活的惊涛骇浪，谱写生命的优美韵律。聋哑演员们用丰富的肢体语言讲述着他们的成长故事，安静柔美的舞姿中喷薄而出生生不息的力量令人动容。

思考与练习

1. 简述中国古典舞基础训练的特点，练习古典舞基础训练的组合内容。

2. 简述中国古典舞身韵的审美特征和训练特点。

3. 中国古典舞身韵的基础动律元素有哪些？

拓展学习

中国古典舞身韵课的产生

中国古典舞身韵课的创设，为中国古典舞学科建设带来了实质性突破。在"文化大革命"后，通过重新深入向戏曲学习，再经过认真的思考、总结，李正一等专家们感觉到整理身韵课最根本的问题是如何认识传统，从什么角度去研究和继承传统，以及从传统中提取什么和如何提取、如何发展。中国古典舞教学系统能否存在，关键在于它的民族属性，在于它是否具有民族的审美特性，这是关系到中国古典舞生死存亡的问题。因此，汲取戏曲这门传统艺术的精粹，不能再像过去那样，只着眼于动作、技巧那些外在层面上的东西，而是进入深层去认识传统艺术的精髓和本质，也就是民族的美学特征和艺术规律，具体渗透和体现在戏曲舞蹈中，包括"形、神、劲、律"在内的具有鲜明民族风格和丰富、细腻、极富表现力的身法韵律、动律、节奏特点，语法和语汇结构，表现方法等。李正一教授带领的专家们，积几十年的实践和探索所产生的从量变到质变飞跃的认识，指导着身韵课教材创建，带领中国古典舞学科进入一个崭新的境地。他们高屋建瓴地，从宏观规律性的角度，站在民族美学的高度，对教材进行探寻和提炼，使身韵课教材从中国传统戏曲舞蹈和武术中脱颖而出，成为真正意义上的独立的舞蹈本体。同时由于加强了民族特性，中国古典舞的训练被纳入了民族美学的范畴，这从根本上改变了中国古典舞的面貌。这是一个划时代的重大突破，身韵课的创立不是偶然的，它是中国古典舞学科建设的必然产物。

第四节　舞蹈技术技巧

一、旋转训练

舞蹈的旋转是指以人体自身为轴进行各种旋转的运动，它是由舞姿动力和垂直重心轴所构成的。旋转作为一种特殊的表现形式，是舞蹈技术技巧重要的组成部分，任何舞蹈都会用旋转来表达和强化自己的情感，并在一定的时间和空间里不断地发展与变化。旋转既能单独地表现，也能在舞句中经过巧妙的连接形成语汇。舞蹈的旋转在舞蹈中不仅是一种技术技巧，它既能作为独立表现形式存在，又能在舞蹈的身法韵律和技巧动作中起到连接作用，使舞蹈更富于表现力。

（一）五位转

五位转是旋转训练的基础，通过该训练，可以使学生掌握旋转的概念和基本技能，为今后的舞蹈训练打下稳定的基础。初学原地转之前，要掌握转的准备动作，这是控制重心和保持平衡的基础。头是旋转训练的重要环节，它起到固定方向、构成舞姿和平衡协调的作用，也是旋转的动力之一。在旋转时应留头、甩头清楚，才能保持惯性。

练习方法

五位半蹲，双脚放平踩地面，两膝打开，手六位，主力腿推起高半脚尖，动力腿吸腿，手从六位打开收二位，主力腿伸直脚跟往前顶，提臀、立腰、拔背，向动力腿方向旋转。

练习过程

准备位：向外旋转练习，身体面对一点，脚站前五位，手一位。

（1）1-2拍：五位蹲，手经二位打开到六位。

3-4拍：主力腿半脚尖，同时动力腿吸腿，双手收二位，带动旋转一周。

5-6拍：停住。

7-8拍：落后五位蹲，手一位或七位。

间奏时，手经二位打开到六位。

（2）1-2拍：主力腿半脚尖同时转吸腿，手二位。

3-4拍：落前五位蹲，手六位。

5-6拍：再推半脚尖吸腿，手二位，带动旋转一周。

7-8拍：落后五位，手一位或七位。

练习要求

（1）准备练习后，可做转的练习，转时要立、转同步进行，不要在蹲时就开始旋转。

（2）从蹲到半脚尖，利用两脚推地的力量，膝盖伸直。膝盖和胯部打开，顶脚跟，后背夹紧，手臂配合。

（3）转时要留头、甩头。

（二）平转

平转是通过两脚交替转换重心进行的移动转，也是移动转的主要动作。平转的路线可分为直线、斜线和圆周训练。

练习方法

从开始到结束保持半脚尖的高度，两腿夹紧，两脚跟始终保持靠紧的八字脚型，两脚的移动点在一条线上。练习时，先由后向前直线做，以便更好地观察两脚的方向与距离、身体的方向是否正确。

练习过程

准备位：五位站立，擦出前点地，双山膀、按掌或直接八字步立半脚尖。

（1）1-4拍：擦地前收一位，半脚尖不动。

5-8拍：在半脚尖上两脚原地踩动两下，手臂双山膀。

（2）1-4拍：转半圈。

5-8拍：再原地踩动两下。

（3）1-4拍：再转半圈。

5-8拍：上右脚半脚尖，左脚紧跟右脚成贴紧的八字脚，转半圈左肩在前留头。

（4）1-4拍：重心移至左脚半脚尖下踩，右脚紧跟左脚成贴紧的八字位转半圈。

5-8拍：呼吸收回准备位。

练习要求

（1）双腿不能交叉，双脚节奏平均，旋转时重心在双脚上，身体保持直立。

（2）强调脚主动带动胯和肩，第二只脚要主动往旁打开，膝盖伸直。

（3）留头、甩头要清楚，不能仰头、低头或歪头。

（三）四位转

练习方法

四位半蹲，手打开到七位，重心在两脚中间，双膝向两旁打开，前、后脚放平踩住，胯部摆平，面对前方。起转前，手到六位，同时继续加深蹲的幅度。双脚推地，同时主力腿快速伸直并立半脚尖，动力腿快速形成吸腿，贴在膝盖下面，转双手收回二位。从蹲到吸腿半脚掌上，胯和脚以及动力腿要迅速同时完成，主力腿要提腰提胯。

练习过程

准备位：身体面对一点，右脚前五位，手一位。

（1）1—2拍：向外旋转练习，五位半蹲，手一位。

　　　3—4拍：主力腿快速推起半脚尖，同时前腿快速吸腿，手二位。

　　　5—7拍：落后四位蹲，手六位。

　　　8拍：　深蹲，手打开到七位。

（2）1—2拍：左脚半脚尖，右脚吸腿，向动力腿方向转，手二位。

　　　3—4拍：停住。

　　　5—8拍：落后五位蹲。

（3）1—2拍：四位蹲，手六位。

　　　3—4拍：主力腿快速推立半脚尖，同时动力腿快速吸腿，手二位。

　　　5—6拍：停住。

　　　7拍：　伸直25°后点地。

　　　8拍：　落四位蹲，手六位。

（4）1—2拍：四位蹲，手一位。

　　　3—4拍：四位蹲，手六位。

　　　5—6拍：主力腿推起半脚尖，吸动力腿转，手二位。

　　　7—8拍：落后五位。

练习要求

（1）先扶把练习五位、四位向外转。

（2）扶把练习要强调主力腿推半脚尖的支撑力量，胯部和膝盖打开，主力腿伸直，提胯、立腰，手臂协调配合。

（3）从四位半蹲到起转之前打开手时，要加深半蹲，推直要有对抗力量，留头、甩头清楚。还可以在四位上做一个八拍一次，转一个圈停住，最后四拍落四位半蹲。

二、翻身训练

中国舞中的翻身技巧，是身体在倾斜状态下，头顶前方，手臂拉长走立圆，以腰为轴经前、旁、后、旁腰在躺身姿态下的翻转。翻身技巧分双脚重心、单脚重心、两脚交替移动重心的翻身等。

翻身技巧具有灵活、轻快、急速、协调的连贯性，以及巧妙的复合性，展现了独特的民族风格和强烈的艺术感染力。

（一）踏步翻身

踏步翻身是在双脚重心上的翻身练习，又是翻身中的基础翻身，可以为各类翻身做准备。因踏步翻身的练习具有一定难度，所以必须要有步骤地进行训练。

练习方法

身体面对一点，右脚踏步蹲，上身前俯45°，左手山膀，右手按掌，右手往旁打开，脚下辗转带动往右翻1/4（左旁腰），手上下伸直，继续往右翻1/4（后腰），面对上方，双手山膀手心朝上，重心在两脚上，左手往上领，往右翻1/4（右旁腰），手臂上下伸直再翻1/4变正（前腰），双手山膀，然后往回翻。踏步位置要准确，踏步的后脚尽量往前踏，与主力脚基本上在一条线上，两脚距离一横脚，翻身过程中始终用脚掌主动辗转。保持上身前俯45°，强调必须经过前、旁、后、旁四面腰，旁腰时伸肋收腹，后腰顶臀，挑腰，敞胸，类似板腰的状态。头和身体在固定的高度上，不能起伏，要连贯均匀。手臂由第一只膀子主动带动走一个立圆，头往前顶，留头、甩头。

分解练习

面对把杆八字步，双手交叉扶把，用小碎步做滚腰练习。主要起到加强固定上身在一个水平上的作用和翻身的意识，以及腰在四个方向打开的感觉。然后进行加手的扶把踏步翻身练习，面对把杆踏步准备，一只手扶把，一只手按掌位进行训练，在踏步上做翻身1/4练习。在翻身中做开合的训练和手臂的练习，以提高身体的协调能力。

练习过程

准备位：脚站右脚踏步蹲，左手山膀，右手按掌。

1/4 的分解练习

（1）1–2 拍：向旁翻身。

　　　3–4 拍：保持姿态不动。

　　　5–6 拍：向后翻身。

　　　7–8 拍：保持姿态不动。

（2）1–2 拍：向旁翻身。

　　　3–4 拍：保持姿态不动。

　　　5–6 拍：向前翻身。

　　　7–8 拍：停。

1/2 的分解练习

　　　1–2 拍：向后翻身。

　　　3–4 拍：保持姿态不动。

　　　5–6 拍：向前翻身。

7–8 拍：停。

完整练习

可根据练习中完成的程度进行四拍一次或两拍一次的练习，最后一拍完成。

练习要求

（1）要顶胯、挑腰，以免出现塌腰、关胯、重心偏后等问题。还要注意避免出现上下身不协调，旁腰挑不到位，后腰缩胸等现象。

（2）翻身要注意脚的正确位置，翻身时膀子要立起来，头往前顶，身体不要起伏。

（二）点步翻身

练习方法

下左旁腰，左脚尖对一点方向，右脚尖对五点方向点地，双手平伸垂直于地面，眼看下方。以主力腿为轴心，以动力腿点地为动力，身体随点地的力量快速翻身，挑腰、顶胯、留头、甩头，连续翻身。

练习过程

准备位：下左旁腰，左脚尖对一点方向，右脚尖对五点方向点地，双手平伸垂直于地面，眼看下方。

1/4 的分解练习

（1）1–4 拍：右脚点地正前腰。

　　　5–8 拍：翻第一个旁腰。

（2）1–4 拍：翻到正后腰。

　　　5–8 拍：翻到第二个旁腰。

1/2 的分解练习

正前 1/2，正后 1/2，每个位置用四拍或两拍完成。

练习要求

（1）翻身时不要坐胯。

（2）翻身在正前方要含胸，正后方时顶胯和胸腰，同时头要固定在一个高度上。

（3）双手臂要保持立圆的路线，留头、甩头时要固定高度。

（三）吸腿翻身

吸腿翻身是单腿重心的翻身训练，与点步翻身的不同之处在于动力腿是在正吸腿含胸位上进行的翻身，是完全在主力腿支撑上完成的翻身。两种翻身交替练习，对点步翻身重心的训练起到辅助作用，有利于两种翻身的互补，可以提高翻身的规范性。

练习方法

下左旁腰，左脚尖对一点方向，右脚尖对五点方向点地，双手平伸垂直于地面，眼看下方。在带双臂和转胯的同时，动力腿快速高吸前腿，翻身过程要保持吸腿的高度，上身在倾斜状态下翻身，胯部要固定，保持重心稳定。主力腿高半脚尖，顶胯和打手臂要同时进行，借助吸腿的动力连续翻身。翻身过程中，头要固定在一个位置，不能上下起伏，需要做留头和甩头的动作，双手臂要保持立圆的路线。

练习过程

准备位：下左旁腰，左脚尖对一点方向，右脚尖对五点方向点地，双手平伸垂直于地面，眼看下方。

分解练习

1–4 拍：做前腰正吸腿。

5–8 拍：回准备位。

完整练习

1–2 拍：吸腿翻身一圈停在前吸腿上。

3–4 拍：不动。

5–8 拍：回准备位。

练习要求

（1）主力腿重心要快速推上去，动力腿快吸到位，翻身时动力腿要贴住不准上下移动。

（2）翻身在正前方要含胸，正后方时顶胯和胸腰。

（3）双手臂要保持立圆的路线。

三、跳跃训练

跳跃训练是舞蹈教学中的重要部分，跳跃训练具有人体运动形式本身的共性规律，使其在训练目的方面与其他种类跳跃训练有所不同。中国舞的跳跃训练把符合跳跃特性的、有助于跳跃技术发展的身法韵律与跳跃训练有机结合。通过对能力、爆发力、空中动势、舞姿瞬间的停顿和身体控制力的训练，使跳跃技巧呈现更好的艺术效果。

（一）小射燕跳

小射燕跳是立身射燕舞姿的小跳，有双起单落、单起单落，还有原地和行进的，行进的有推地移动和小跑步的两种形式。

练习方法

双起单落的小射燕，双起时两腿并拢，要瞬间停住，头、眼跟着顺风旗上边的手看出，落地拧腰和手要及时到位。单起单落的小射燕跳，连续推地跳跃时，需提腰提胯，控制好动力腿，在射燕舞姿上落地。

练习过程

准备位：身体面对二点，脚八字步或五位站。

双起单落跳：

（1）1–2 拍：双手臂拉到头顶。

　　　3–4 拍：双盖手同时蹲，接着跳起，空中手顺风旗。

5-6 拍：落成射雁，继续加深蹲。

7-8 拍：主力腿起直的同时动力腿收落小八字或五位。

（2）1-2 拍：重复准备动作。

3-4 拍：跳起，落成射雁。

5-6 拍：主力腿起直的同时动力腿收回八字步或五位。

7-8 拍：收回准备位。

单起单落有两种练习方式：

（1）在双起单落后连续单起单落做两个或三个。双起单落，两拍做两次接单起单落。

（2）踢前腿后形成上步行进的单起单落，手和上身快拧的同时也为大射雁跳做准备。单起单落是在双起单落的基础上连续做的。

练习要求

（1）在完成双起单落跳以后练习单起单落。

（2）舞姿要准确，路线要清晰，不要塌腰关胯，动力腿要控制住，膝盖不能上下起伏。

（二）单腿变身跳

练习方法

左脚经擦地向七点踢前 90°，推地跳起，双手托掌，眼看七点，空中变身，左腿由前变后腿，右腿推地跳起，落地右腿半蹲，双手山膀。要求起跳要快，身体保持垂直上下运动。当前腿踢到 90° 时迅速变身，主力腿推地伸直绷脚，动力腿在固定的高度上。

练习过程

准备位：身体面对七点，右脚绷脚点地，手双山膀。

（1）1-2 拍：右腿半蹲。

3-4 拍：踢前腿跳起变后腿。

5-6 拍：落地后深蹲。

7-8 拍：收回准备位。

（2）1-2 拍：右腿下蹲。

3-4 拍：踢前腿跳起变后腿。

5-6 拍：落地后深蹲。

7-8 拍：收回准备位。

练习要求

（1）踢前腿跳起变后腿，动力腿始终保持同一高度。

（2）起跳和落地时上身需保持直立状态。

（三）紫金冠跳

练习方法

紫金冠跳是双起单落的大跳，前脚上步，双腿半蹲跳起，空中后腿快速踢紫金冠，要求上身敞胸、仰头，双手三位或双手托掌。起跳和落地时的蹲，重心都在双脚掌上。

练习过程

准备位：身体面对二点，脚站五位或八字步，双手山膀。

（1）1-2拍：向前擦地跳。

　　　3-4拍：落地蹲。

　　　5-6拍：跳起倒踢紫金冠。

　　　7-8拍：落地蹲。

（2）1拍：　向前擦地跳。

　　　2拍：　落五位或八字步。

　　　3拍：　跳起倒踢紫金冠。

　　　4拍：　落地蹲。

　　　5-6拍：双腿伸直。

　　　7-8拍：收回准备位。

练习要求

（1）跳起要快，一拍在空中完成紫金冠舞姿。

（2）空中紫金冠舞姿准确，两腿形成一条斜线伸直，前腿一定要有控制地踢起绷脚、直膝，不要松懈。

（3）起跳时要提胯、收腹、敞胸、仰头，双手主动往上延伸，落地要有控制地蹲。

思考与练习

1. 舞蹈技术技巧在舞蹈中的作用是什么？

2. 舞蹈技术技巧的分类主要有哪三个方面？

3. 在训练幼儿舞蹈技术技巧时应注意什么？

拓展学习

舞蹈技术技巧在舞蹈艺术中的作用

舞蹈技术技巧的运用是构成舞蹈艺术整体的要素之一。在舞蹈表演中，舞蹈技术技巧作为重要的艺术表现手段，以其独具特色的舞蹈语汇，能在不同的舞蹈题材、体裁、形式和风格的剧目当中，表现出极其丰富的思想内涵，发挥出不可替代的个性化作用，营造出较强的艺术效果。舞蹈技术技巧所体现的独特魅力，可以发展为直接表现人物内心活动、刻画人物思想感情的重要表现手段，可以在不同舞台空间的表演中，营造出特定、鲜明的剧目情景和特殊氛围，有效赋予舞蹈表演以更加强烈的艺术感染力。

舞蹈技术技巧训练可以锻炼提高学生神经系统的快速反应能力和协调能力。舞蹈技术技巧训练是在神经系统高度协调状态下，支配肌肉产生运动来完成的。它有助于学生神经系统的发育。科学、规范、系统的训练，对神经系统快速反应能力和协调能力的发展起到了有效的促进作用。

舞蹈技术技巧训练可以提高学生肌肉组织的快速反应能力、协调能力和控制能力。在训练中所体现的身韵，要求参与完成动作的所有肌群必须具有高水平的快速反应能力和协调能力。

舞蹈技术技巧训练可以促进学生的前庭本体感和运动本体感的发展。舞蹈技术技巧教学训练的针对性强，使学生的前庭本体感和运动本体感得到了提高，因而平衡能力、时空感受力都得到了较大的改善，帮助学生打造全方位的身体素质条件。

第三章

中国民族民间舞

本章导入

　　我国是个多民族的国家，有悠久的历史文化和灿烂的文化底蕴。中国民族民间舞是我国的艺术瑰宝，民族舞蹈各具特色，在学习时，要了解各民族民间舞风格特点，掌握基本动作和表演技巧，并了解和掌握各民间舞蹈动作素材在幼儿舞蹈教学中的运用。

学习目标

1. 了解各民族民间舞的风格特点。
2. 掌握各民族民间舞蹈的基本动作。
3. 能够在创编幼儿舞蹈时融入民族民间舞动作元素，提高舞蹈创编的能力。

章节思维导图

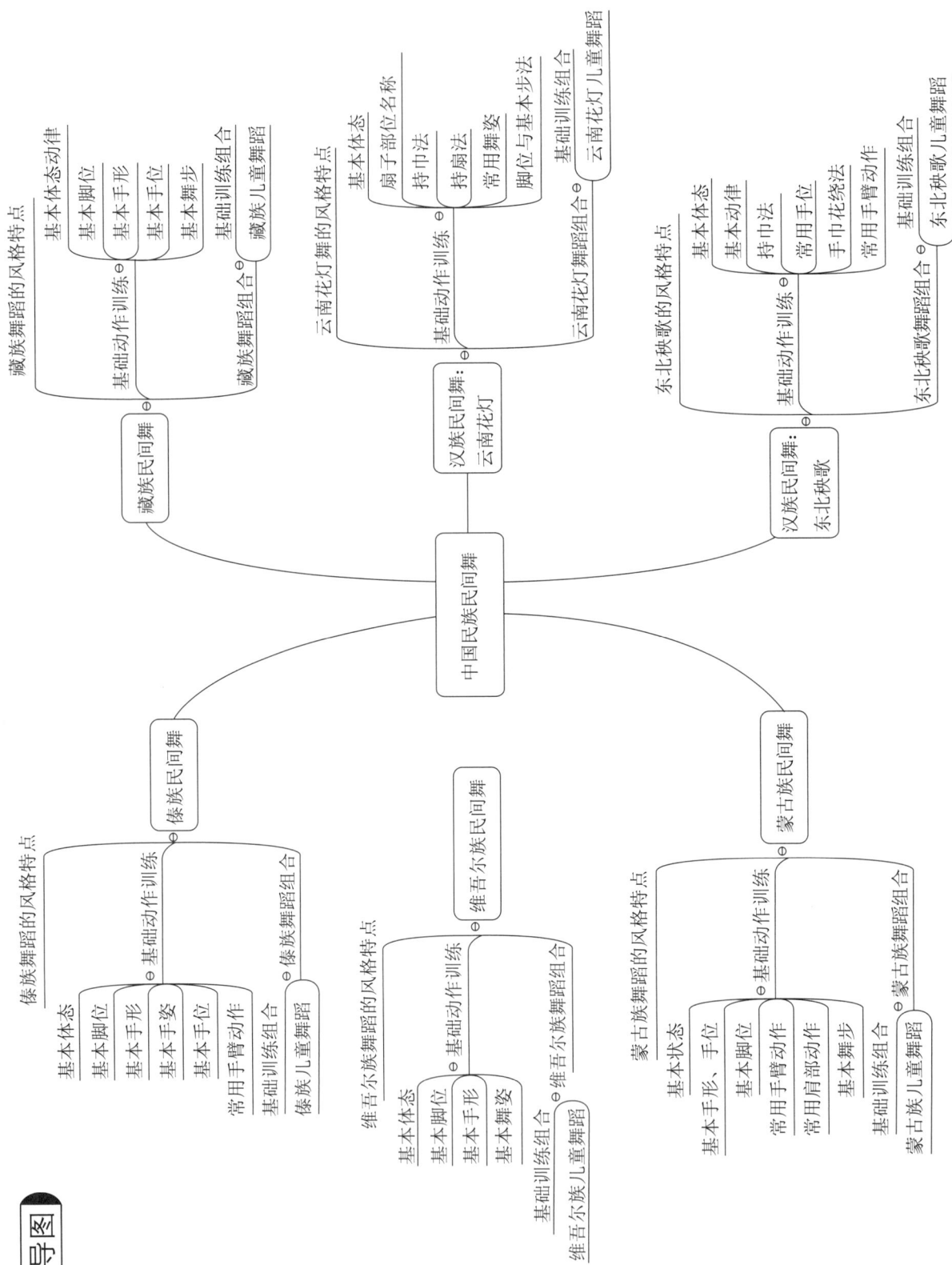

中国民族民间舞

藏族民间舞
- 藏族舞蹈的风格特点
  - 基本体态动律
  - 基本脚位
  - 基本手形
  - 基本手位
  - 基本舞步
  - 基础训练组合
- 基础动作训练⊖
  - 藏族舞蹈组合⊖藏族儿童舞蹈

汉族民间舞：云南花灯
- 云南花灯舞的风格特点
  - 基本体态
  - 扇子部位名称
  - 持巾法
  - 持扇法
  - 常用舞姿
  - 脚位与基本步法
  - 基础训练组合
- 基础动作训练⊖
  - 云南花灯舞蹈组合⊖云南花灯儿童舞蹈

汉族民间舞：东北秧歌
- 东北秧歌的风格特点
  - 基本体态
  - 基本动律
  - 持巾法
  - 常用手位
  - 手巾花绕法
  - 常用手臂动作
  - 基础训练组合
- 基础动作训练⊖
  - 东北秧歌舞蹈组合⊖东北秧歌儿童舞蹈

傣族民间舞
- 傣族舞蹈的风格特点
  - 基本体态
  - 基本脚位
  - 基本手形
  - 基本手姿
  - 基本手位
  - 常用手臂动作
  - 基础训练组合
- ⊖基础动作训练
  - 傣族舞蹈组合⊖傣族儿童舞蹈

维吾尔族民间舞
- 维吾尔族舞蹈的风格特点
  - 基本体态
  - 基本脚位
  - 基本手形
  - 基本舞姿
  - 基础训练组合
- ⊖基础动作训练
  - 维吾尔族舞蹈组合⊖维吾尔族儿童舞蹈

蒙古族民间舞
- 蒙古族舞蹈的风格特点
  - 基本状态
  - 基本手形、手位
  - 基本脚位
  - 常用手臂动作
  - 常用肩部动作
  - 基本舞步
  - 基础训练组合
- ⊖基础动作训练
  - 蒙古族舞蹈组合⊖蒙古族儿童舞蹈

第一节　藏族民间舞

藏族舞蹈是我国民族民间舞的一种，来源于藏族人民的劳动和生活，表现了藏族人民豪放、热情、淳朴的性格特点。学习时重点掌握藏族舞蹈的基本体态与动律特征，练习时保持一种松弛状态，柔韧且有弹性。

一、藏族舞蹈的风格特点

藏族主要分布在我国的青藏高原，具有悠久的历史文化，是一个能歌善舞的民族。藏族舞蹈的特点是膝部有规律地颤动、屈伸；舞蹈时身体微前倾；舞袖、踏地是藏族舞蹈 / 其表达感情的主要方式。藏族舞的种类极其丰富，如谐、卓、果谐、堆谐、牧区舞、热巴等，既融入了当地的习俗文化和宗教色彩，又具有浓厚的民族特色。在表演风格上，"堆谐"朴实自然、潇洒灵活；"谐"优美流畅，屈伸连绵不断；"果谐"洒脱，脚下灵活多变；"卓"豪迈、粗犷、沉稳有力。

二、基础动作训练

（一）基本体态

1. 坐懈胯

双手扶胯，微屈膝，坐胯，腰松懈，重心在右脚。（图 3-1-1）

2. 颤膝

自然位站立，微屈膝，微含胸，膝部有弹性颤动，一拍两次，重拍在下。

（二）基本脚位

1. 自然位

脚跟并拢，脚尖略分开。（图 3-1-2）

2. 丁字位

在自然位基础上，左脚跟放在右脚脚窝位置。（图 3-1-3）

图 3-1-1　坐懈胯

图 3-1-2　自然位　　　图 3-1-3　丁字位

（三）基本手位

1. 扶胯位

自然位站立，双手五指并拢自然贴胯。（图 3-1-4）

2. 叉腰单臂袖

左手扶胯位，右手体旁 90° 曲臂，五指并拢。（图 3-1-5）

图 3-1-4　扶胯位 　　　　　　图 3-1-5　叉腰单臂袖

3. 平开单臂袖

左手体旁侧平举，手心向下，右手体旁 90° 曲臂，五指并拢。（图 3-1-6）

4. 双手礼（献哈达）

右腿屈腿脚跟前点地，左腿屈膝，上身弯腰前倾，双手打开，手心向上，献哈达状。（图 3-1-7）

图 3-1-6　平开单臂袖 　　　　　　图 3-1-7　双手礼

5. 单手礼

右腿旁脚跟点地，重心在左腿，上身右倾，右手掌心向上旁打开，左手胸前按掌。（图 3-1-8）

（四）手臂动作

1. 撩袖

左脚在右脚尖前点地，右手由下向上胸前撩袖，左手掌心向下旁打开。（图 3-1-9）

2. 摆袖

由手带动臂做前后左右的单摆、双摆或交替的摆袖动作。（图 3-1-10）

3. 晃手

双臂在体前经上弧线由内向外晃袖，可大、中、小位置进行。

4. 盖手

双臂在体前经上弧线由外向里晃袖，可大、中、小位置进行。

图 3-1-8　单手礼　　　　　　　图 3-1-9　撩袖　　　　　　　图 3-1-10　摆袖

5. 翻盖手

左手经小晃手至体旁托手，右手经小盖手至体旁按手，双手同时进行。

6. 前后摆手

双手下垂，前后交替自然摆动。（图 3-1-11）

7. 合分手

双手胸前交叉盖手，由里向外摊开。（图 3-1-12、图 3-1-13）

8. 钟摆手

左右手交替摆动至体旁75°。（图 3-1-14）

图 3-1-11　前后摆手　　图 3-1-12　合分手 1　　图 3-1-13　合分手 2　　　　图 3-1-14　钟摆手

（五）基本舞步

1.踢踏舞基本舞步

（1）冈嗒：自然位站立，双脚勾脚抬起迅速打击地面，双腿颤膝，重拍向下。

（2）退踏步（图3-1-14）：自然位站立，第一拍右脚后退步，脚掌踏地，左脚抬起，后半拍左脚抬踏，右脚抬起；第二拍，右脚前踏步，重心在左腿，双腿颤膝。

（3）抬踏步：两拍完成，第一拍，左脚冈嗒一次，右脚抬起自然勾回，踏地；第二拍左脚丁字位踏地。

（4）二三步：前两拍右脚向左碎踏两步，右前围甩手；后两拍右脚向后碎踏一步，双手随身体自然摆动。

图3-1-14 退踏步动作分解

（5）第一基本步（图3-1-15）：自然位站立，第一拍左脚抬踏，右前围划手，第二拍右左脚各踏步一次，双手体旁打开，第三、四拍做一、二拍的反向动作。

（6）第二基本步（图3-1-16）：自然位站立，前两拍左脚起，第一基本步，两步碎踏向左横向移动，第三拍右脚踏步屈膝，双手打开左手曲臂，右手横手位。四拍完成。

图3-1-15 第一基本步

图3-1-16 第二基本步

（7）嘀嗒步（图 3-1-17）：右脚冈嗒，左脚踏步，做 7 次，微屈膝，双臂可配合体前交叉，摊手。

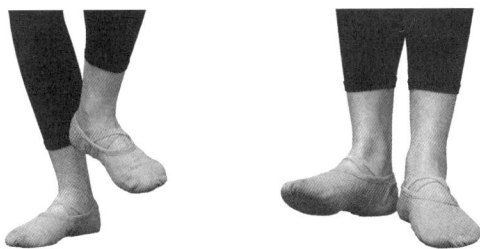

图 3-1-17　嘀嗒步动作分解

（8）七下退踏步：第一拍，右脚抬踏，落左后丁字步位，左手前围划手；第二、三拍，左脚抬踏两次，右前围划手；第四拍，右脚上步成丁字位，同时左前甩摆手。

（9）连三步（图 3-1-18）：自然位站立，右左右连续碎踏三步，左腿屈膝悠踢，同时右前甩摆手，两拍完成。

图 3-1-18　连三步

2. 弦子舞基本舞步

（1）屈伸膝：自然位，双腿屈膝，伸膝，重拍在上。

（2）平步：第一拍左脚上步屈伸膝，左坐懈胯，第二拍右脚上步屈伸膝，右坐懈胯，左右脚交替缓慢前行。

（3）单靠步（图 3-1-19）：第一拍右脚向旁迈步，重心靠右，第二拍左脚勾脚落右脚前，同时屈伸膝。

（4）三步一靠：自然位站立，双手扶胯，右脚平步前进屈膝坐懈胯，右左右走三步，第四拍，左脚跟靠右脚尖处伸膝。可连续行进，也可向旁左右进行。

（5）单撩步（图 3-1-20）：左脚向前进一步，右脚自然悠出，右脚向前落下，左脚自然悠出，重拍在下，两拍完成。

图 3-1-19　单靠步

图 3-1-20　单撩步

（6）三步一撩：右脚起右左右前进三步，第四拍左脚自然悠出。

三、藏族舞蹈组合

（一）基本体态与动律训练组合

基本体态与动律训练组合

动作说明

准备：身体对1点方向，自然位站立。

（1）1-8拍：左右手交替向外前划手，两拍一次，腿部匀速颤膝，一拍颤两次。

（2）1-8拍：手的动作同（1），双腿颤膝，双脚冈嗒，两拍一次。

（3）1-8拍：双手围摆手，左脚抬踏步，两拍一次。

（4）1-8拍：重复（3）的动作。

（5）1-8拍：右脚起做第一基本步，双手前围划手。

（6）1-8拍：重复（5）的动作。

（7）1-8拍：右脚起第一基本步，双手前后甩摆手，四拍一次。

（8）1-8拍：双脚交替抬踏步，前划手，一拍一次。

（9）1-8拍：双手钟摆手摆步左右晃身，一拍一次。

（10）1-8拍：右脚起第一基本步前划手，两拍一次，共做四次。

（11）1-8拍：重复（10）的动作。

（12）1-8拍：做三次第一基本步，向前划手，以抬踏步结束。

（二）基本步伐训练组合

基本步伐训练组合

动作说明

准备：身体对1点方向，自然位站立。

（1）1-8拍：双腿匀速颤膝，双手合分手四拍一次，做两次。

（2）1-8拍：双腿颤膝冈嗒，两拍一次，做四次；双手合分手四拍一次，做两次。

（3）1-8拍：左脚起抬踏颤，两拍一次，做两次；右脚起同左脚动作做两次。

（4）1-8拍：左起碎踏步，双手合分手，四拍一次，做两次。

（5）1-8拍：左脚起第一基本步围手，四拍一次，右脚重复左脚动作。

（6）1-8拍：重复（5）的动作。

（7）1–8拍：左脚起第二基本步，做两次，四拍一次。

（8）1–4拍：第二基本步，做一次。

       5–8拍：抬踏步结束。

（三）踢踏训练组合

踢踏训练组合

动作说明

准备：身体对1点方向，自然位站立。

（1）1–8拍： 右脚踏步两次，退踏步两次，重心在左脚。

（2）1–8拍： 右脚起，七下退踏步，四拍一次，做两次。

（3）1–8拍： 右脚起，第一基本步，四拍一次，做两次。

（4）1–4拍： 前两拍，右脚踏步两次，重心在左脚，右脚退踏步两次。

      5–12拍：左脚起退踏步，做三次。

（5）1–8拍： 左脚起二三步，做两次。

（6）1–8拍： 右脚起做滴嗒步七次，左脚踏实。

（7）1–8拍： 重复（6）的动作。

（8）1–8拍： 左脚起，第二基本步，做两次。

（9）1–4拍： 左脚冈嗒，右脚抬踏，左脚抬踏两次，右脚上成前丁字步位，左脚悠踢，右手甩摆手。

      5–12拍：右脚起退踏步三次。

（10）–（12）重复（5）–（7）的动作。

（13）–（15）重复（3）–（5）的动作。

（16）1–6拍：左脚起，左右脚交替前踢跳六次，双手摊手。

      7–8拍：左脚起抬踏步。

（17）1–8拍：重复（16）的动作。

（18）1–4拍：右脚起右左右连三步，双手合分手结束。

（四）弦子训练组合

弦子训练组合

动作说明

准备：身体对 1 点方向，自然位站好，双手扶胯。

（1）1-8 拍：　右脚起，左右脚交替做单靠步，两拍一次。

（2）1-8 拍：　右脚起，左右脚交替做单靠步，第 7 拍左脚尖旁点地，第 8 拍左脚向 2 点方向撩腿。

（3）1-2 拍：　左脚 8 点方向上步，右脚前丁字靠步，重心前移，左手前平举，掌心向下，右手举头顶，掌心向前。

　　　3-4 拍：　右脚 4 点方向退步，左丁字步位单靠步，重心靠后，左手曲臂，右手后平举，双手掌心向下。

　　　5-8 拍：　做（3）1-4 拍的相反动作。

（4）1-4 拍：　重复（3）1-4 拍的动作。

　　　5-8 拍：　左转身，点转靠，右脚起，靠点步。

（5）1-4 拍：　左脚起，向左靠点撩，右撩腿、撩手。

　　　5-8 拍：　右脚起，向右靠点撩，左撩腿、撩手。

（6）1-8 拍：　左脚起靠步，招撩手，左右脚反复做 4 次。

（7）1-4 拍：　左脚起，三步一靠，向前左右左 3 次行进平步，同时双手从右向左画平圆至左旁，左手心向前，右手背向前，重心靠后。

　　　5-8 拍：　右脚起，做（7）1-4 拍的相反动作。

（8）1-4 拍：　左脚起，后退靠步，左右 2 次，同时双手从右向左划平圆至左旁，左手心向前，右手背向前。

　　　5-6 拍：　左脚起，三步一撩，双手从右到左划八字手。

　　　7-8 拍：　右脚起，三步一撩，双手向左到右划八字手。

（9）1-8 拍：　左脚起，三步一靠，双手打开，右手经下弧线划至左，再到头顶，右脚做相反动作。

（10）1-4 拍：左脚起三步一靠。

　　　5-8 拍：　右脚起，向 2 点方向做（3）1-4 拍的相反动作，左顶手位，右横手位。

（11）1-4 拍：重复（10）1-4 拍的动作。

　　　5-6 拍：　右脚点转靠步两步，右手扶胯，左手单臂袖。

　　　7-8 拍：　左脚起向前上步，右脚吸腿前勾脚脚跟向旁点地，双腿屈膝，上身前倾，双手打开，掌心向上献哈达结束。

（五）藏族儿童舞蹈《上学路上》

上学路上

动作说明

准备：身体对 3 点方向，眼睛看 1 点方向，双臂夹肘位，7 点方向站立准备。

准备音乐

（1）–（2）	准备位动作。
（3）1–8 拍：	上身保持准备位动作，右脚起向前平踏步 8 步，双臂夹肘位前后摆动，身体对 3 点方向进场。
（4）1–8 拍：	双臂胸前折臂位，身体微前倾，双脚平踏步。
（5）1–8 拍：	重复（4）1–8 拍的动作。
（6）1–8 拍：	双臂胸前折臂位，上身直立，双脚平踏步转身对 1 点方向。

第一段

（1）1–4 拍：	眼睛平视，身体直立，双手胸前折臂，双腿颤膝 4 次。
5–6 拍：	双膝半蹲，右倾头 1 次，上身保持姿态。
7–8 拍：	身体直立，上身保持姿态。
（2）1–8 拍：	重复（1）相反动作。
（3）–（4）	重复（1）–（2）动作。
（5）–（6）	右脚起平踏步，双脚交替前进，双手经体侧双托手至斜上位，眼随手到。
（7）–（8）	双手体前盖手至扶胯位，右脚起平踏步后退，眼睛看右手。
（9）1–8 拍：	右脚起身体对 1 点方向退踏步两次。
（10）（11）：	右脚起退踏步转身，对 7、5、3、1 点方向各做一次。
（12）1–4 拍：	身体对 8 点方向平踏步右左右三步并脚，双手向前旁斜下位双摊手，身体前倾，目视 1 点方向。
5–8 拍：	右脚起对 4 点方向平踏步退三步并脚，双手收胸前折臂，身体略后仰，目视 1 点方向。
（13）1–8 拍：	重复（12）动作。
（14）–（15）：	重复（12）–（13）相反动作。
（16）1–8 拍：	右脚起平踏步后退，身体对 1 点方向。

第二段

（17）1–8 拍：	右脚起原地第一基本步两次，双手收胸前折臂。
（18）1–8 拍：	右脚起原地第一基本步两次，双手举至头顶上位。
（19）1–8 拍：	重复（17）1–8 拍的动作。
（20）–（21）	右脚起向 3 点方向第一基本步行进 4 次，双手 45° 打开，掌心朝前，目视 1 点方向左倾头。
（22）–（23）	左脚起向 7 点方向第一基本步行进 4 次，双手 45° 打开，掌心朝前，目视 1 点方向右倾头。
（24）1–8 拍：	右脚起平踏步后退，双手胸前折臂，身体对 1 点方向。

（25）–（28）：重复（3）–（6）动作，向3点方向退场。

课外舞蹈赏析

1.《溜溜的康定溜溜的情》

这是一部现代藏族舞蹈作品，在"第六届全国舞蹈大赛"中荣获"群舞创作二等奖"。舞蹈在活泼欢快的音乐中，表现了藏族人民热情奔放、豪爽大气的个性以及对生活的热爱和对爱情的向往。该舞蹈作品在编舞技法上将传统藏族舞蹈的动律与新鲜的舞蹈语汇相融合，产生了新的动势，服装设计、形式等方面都有独特创新，让人耳目一新。

2.藏族舞蹈《扎西德勒》

舞蹈形式：群舞

舞蹈改编：杨小玲、杨杉

演出团体：武汉市第一聋哑学校

扎西德勒是藏语词语，表示"欢迎""吉祥如意"的意思。舞蹈《扎西德勒》中，藏族青年男女用踢踏的形式，表现藏族人民的热情奔放与热爱生活的美好情怀，一群听障学生在舞台上用绚丽的舞姿，尽情地表达着他们对幸福美好生活的祝福和对藏族同胞的深情厚谊。

扎西德勒

思考与练习

1.网上查看藏族舞蹈的相关理论知识、舞蹈视频和图片。

2.藏族舞蹈的风格特点是什么？

3.学生自行分组，灵活运用藏族舞蹈元素，创编一个藏族儿童舞蹈。

拓展学习

藏族舞蹈的分类和服饰特点

（一）藏族舞蹈的分类

舞蹈艺术是人们社会文化生活中不可缺少的审美内容，各个民族具有不同的特点，能够给人类带来无限的退想。藏族舞蹈可大致分为两类：第一类是民族民间自娱性舞蹈，第二类是宗教舞蹈，两种舞蹈在服装、动作上都有各自的特点，都以潇洒飘逸、大开大合的舞蹈风格见长。这两大类中又可以具体地分为谐、卓、噶尔和羌姆四大类。

1.谐

它是指流传在农牧村镇，具有自娱表演性质的一种集体歌舞。在跳舞的时候，舞者们都围着装满青稞酒的酒缸，男人和女人分别站在酒缸的两边，手拉手围成一圈跳舞，领舞的人不时从嘴里发出"休休休"的声音指挥着节奏。群舞者从左面向右面沿着圈圈踏着步移动着进行歌唱。这个舞蹈动作很有难度，舞姿矫健奔放，很像野兽的动作。拉萨群众很喜欢这种舞蹈。

2.卓

它是指表演性很强的集体舞蹈。这种类型的舞蹈一般都很重视表演技巧，在唱歌的时候不跳舞，跳舞的时候不唱歌。它包括拟兽舞、性格舞、多种鼓舞等。

3.噶尔

"噶尔"翻译过来就是专业性的歌舞表演，主要是指甘丹颇章政权时期的一部乐舞。这部乐舞吸收了多种藏族舞蹈的动作和韵律，是一部极具民族特色的藏族舞蹈。表演这种舞蹈的男性儿童被称作噶尔巴。

4.羌姆

它是指驱除鬼怪，报答神灵，表现因果关系和佛经故事的宗教性舞蹈。这种舞蹈在表演的时候没有歌唱，气氛很庄严。

（二）藏族舞蹈的服饰特点

藏族人民大多生活在气候温差较大、海拔较高的自然环境中，所以藏族人民的服装都是宽袍大袖，为更好地展示舞蹈，舞蹈动作也都较为夸张，大开大合。同时，受藏传佛教的影响，为祭神拜灵，舞蹈时舞者头戴各种不同的假面，所以需要配以色彩鲜艳的服装以体现祭祀舞蹈的庄重、严肃。

第二节　汉族民间舞：云南花灯

云南花灯是在云南地区广为流传的一种民间歌舞，它既是云南地方戏曲花灯剧种的重要组成部分，同时也具有相对的独立性，学习时同学们要重点掌握云南花灯"崴"的动律特点。

一、云南花灯舞的风格特点

云南花灯是云南地方戏曲花灯剧种的重要组成部分。它的风格特点是：纯朴、自然、舒展、明快、具有载歌载舞的表演特点，有浓厚的乡土气息。"崴"是云南花灯舞蹈的基本动律，也是花灯舞蹈的主要特点，有"无崴不成灯"的说法。崴有正崴、小崴、反崴。小崴活泼、明快；正崴优雅、秀美；反崴别致、悠然。它们都不要高超的技巧，只要体现自然摆动所产生的流畅美感。云南花灯的道具是手绢和扇子，伴奏音乐大多属于小调调性，音乐轻快、流畅、有跳跃感。学习云南花灯，能使同学们身体放松、动作协调，增强舞蹈表现力。

二、基础动作训练

（一）基本体态

自然位站立，双手自然下垂，目视1点方向。

（二）扇子部位名称

扇子分为：扇口、扇面、扇角、大扇骨、小扇骨、扇轴、扇柄。（图3-2-1）

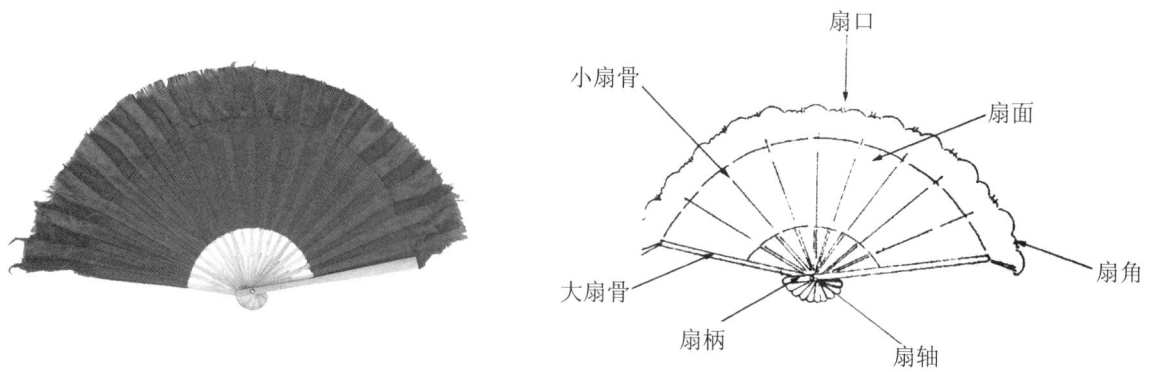

图 3-2-1　扇子部位名称

（三）持巾法

左手拇指、食指、中指捏住手巾 1/3 处，其余两指放松。

（四）持扇法（右手持扇）

1. 握扇

开扇，扇柄放在手心握住。（图 3-2-2）

2. 夹扇

大拇指和小指放在扇子的一面，其余三指放在扇子另一面，夹住扇子。（图 3-2-3）

图 3-2-2　握扇

图 3-2-3　夹扇

3. 虎口托合扇

合扇，握笔式握扇，扇骨放在虎口处托住。（图 3-2-4）

4. 三指捏扇

开扇，将扇轴放在手心，用大拇指、食指、中指三个指头轻轻捏住扇轴，其他两指放松。（图 3-2-5）

图 3-2-4　虎口托合扇

图 3-2-5　三指捏扇

5. 扣扇

开扇，将扇轴放在大拇指指肚上，其余四指自然弯曲扣住

主扇骨，手腕下压。（图 3-2-6）

图 3-2-6　扣扇

（五）常用舞姿

1. 团扇

右手三指捏扇，手腕带动由里向外向下绕扇，重拍向下，

可连续做。

2. 点扇

全手握扇，扇口向左竖放于胸前，拇指在内准备，动作时拇指外推，中指向里点扇骨，动作

小而脆。（图 3-2-7）

3. 搬扇放扇

右手三指捏扇，垂于胸前，扇口向左，大拇指向下推翻扇，扇口朝左，提肘，扇子、手绢靠

在右胯前。（图 3-2-8）

图 3-2-7　点扇　　　　　图 3-2-8　搬扇放扇

4. 别扇

右手团扇后顺势向后甩扇，提肘，扇口向后，扇子、手绢放于右胯旁。（图 3-2-9）

5. 扛扇

右踏步，右手握扇，扇口正中间对右肩，似扛包状，左手胸前按掌，挑胸腰，目视左斜下方。

（图 3-2-10）

6. 荷花爱莲

右手握扇放在左肩上，扇面对前，右踏步，目视 8 点上位，头靠近扇子。（图 3-2-11）

图 3-2-9 别扇   图 3-2-10 扛扇   图 3-2-11 荷花爱莲

7. 耳旁绕花

扣扇，右手于左耳旁由左向右立圆、盘腕、压腕。

（六）脚位与基本步法

1. 脚位

脚位包括正步位、踏步位和小八字位。

2. 基本步法

（1）小崴：正步位准备，双膝自然屈伸，重心左右移动，屈伸膝时左脚由脚后跟踩到脚掌，左右脚交替踩动，踩脚时屈膝崴胯，重拍在下。

（2）正崴：正步位准备，屈膝，左脚往下踩，提左旁腰，右倾头，视 1 点方向。手的动作配合大风摆手。

（3）胯崴：正步位准备，双手叉腰，第一拍，左脚往旁迈一步，双腿屈伸膝，胯向左崴，第二拍，动作相反，胯崴时，膝盖和胯部崴动时幅度要大。

（4）吸腿跳颠步：正步位准备，双手叉腰，左腿吸腿 90°，右脚掌跳踮步，左右脚反复交替跳，重拍在下，可原地跳也可行进跳。

（5）撩腿跳颠步：正步位准备，双手叉腰，左腿吸腿 45° 向前重拍撩出，右脚掌跳踮步，左右脚反复交替跳，可原地跳也可行进跳。双手可合扇提撩手。

三、云南花灯舞蹈组合

（一）动律训练组合

动律训练组合

动作说明

准备：身体对 1 点方向，正步位站立，双手自然下垂，左手三指捏巾，右手虎口托合扇。

（1）1-8 拍：双手左起合扇顺水流，双手从体前划下弧线，手腕有一下提腕，一拍做一次，共 8 次。

（2）1-8 拍：上身动作同（1）的动作，双腿屈伸膝，重拍在屈，屈伸时膝盖柔韧。

（3）1-8 拍：向旁出左脚，双手叉腰，左右胯崴一拍一次，做 8 次。

（4）1-8 拍：收左脚，双脚原地合扇顺水流小崴，左右脚交替崴胯，一拍一次，共 8 次。

（5）1-8 拍：向旁出左脚，合扇交替盖手胯崴，左右交替做，一拍一次，共 8 次。

（6）1-8 拍：重复（4）的动作。

（7）1-8 拍：重复（4）的动作，双脚向前行进 8 步。

（8）1-8 拍：原地合扇顺水流小崴，共 8 次。

（二）扇花训练组合

扇花训练组合

动作说明

准备：身体对 1 点方向，正步位站立，双手自然下垂，右手握扇大拇指向外向下，扇口向左，扇面贴右腿。

（1）1-8 拍：右手胸前团捻扇，左手从外向里顺水流，一拍一次，共 8 次，

（2）1-8 拍：风摆柳团捻扇，接十字团捻扇，左手顺水流，摆动时手臂柔软松弛。

（3）1-8 拍：十字团捻扇，四拍一次，手的方位清楚，路线明确。

（4）1-8 拍：胸前直立握扇，扇尖向上，搬点扇三次，第四拍放扇，四拍一次，做两次。

（5）1-8 拍：前四拍搬点扇接放扇，后四拍搬点扇接别扇。

（6）1-8 拍：重复（5）的动作。

（7）1-8 拍：左脚小鱼抢水接荷花爱莲，目视 8 点方向，重心靠后。

（三）跳颠步训练组合

跳颠步训练组合

动作说明

准备：分两队分别面对 3 点方向、7 点方向准备。

（1）1-8拍：两队左起吸腿跳颠步出场，前四拍，左吸腿时，左倾头，右手合扇打肩，左手自然下垂；右吸腿时动作相反。后四拍，脚的动作不变，双手合扇提撩手。

（2）1-8拍：跳转身面对1点方向，动作同（1）。

（3）1-8拍：双腿撩腿跳颠步，双手开扇提撩手。

（4）1-8拍：双腿撩腿跳颠步，撩左腿时，右手胸前抱扇，左倾头，左手旁打开，吸右腿时，左手折臂胸前，右手旁打开，扇面朝前。

（5）-（6）跳颠步短句，连续做四次。

（7）1-8拍：左脚向左迈一步，团开扇，盖手胯崴，共四次。

（8）1-8拍：左起左右左移动，第四拍吸腿跳，团开扇，盖手胯崴。右脚动作相反。

（9）1-8拍：左起胯崴，团扇结束。

（四）扣扇训练组合

扣扇训练组合

动作说明

准备：身体对1点方向，正步位站立，左中区准备。

（1）1-8拍：左脚前，右脚后，左脚掌颠，双晃手，扣扇立腕提撩手。

（2）1-8拍：左脚掌颠步，双手扣扇，提腕到胸前压腕横推，扣扇推压，共8次。

（3）1-6拍：扣扇顺水流。

　　　　7-8拍：体旁扣扇小崴。

（4）1-8拍：左脚起正崴步向前行进，左右脚交替进行，走8步。

（5）1-8拍：左脚起正崴十字步，四拍一次，做两次。

（6）1-8拍：左脚起向后退正崴步，左右脚交替后退，退8步。

（7）1-2拍：正崴两次。

　　　　3-4拍：原地扣扇，小崴两次。

（8）1-6拍：重复（7）1-2的动作，三遍。

　　　　7拍：扣扇，小崴一次。

　　　　8拍：左前踏步蹲，正崴舞姿。

（五）云南花灯儿童舞蹈《螃蟹调》

螃蟹调

动作说明

准备：分两队，分别面对 3 点方向、7 点方向准备。

（1）1—8 拍： 两队左起撩腿跳颠步出场，左撩腿时，左倾头，右手合扇打肩，左手自然下垂，右腿动作相反。

（2）1—6 拍： 动作同（1），身体对 1 点方向。

　　　7 拍： 平开扇。

　　　8 拍： 抱扇半蹲，低头，含胸。

（3）1—8 拍： 抱扇半蹲，低头含胸小崴步。

（4）1—4 拍： 撩腿跳颠步。

　　　5—8 拍： 踏步转身，双手头顶交叉，转身对 1 点方向开扇。

（5）1—8 拍： 左脚向左迈一步，团开扇，盖手胯崴，共 4 次。

（6）1—4 拍： 左脚上步，双晃手，右脚旁点地，旁弯腰，开扇。

　　　5—8 拍： 踮脚自转一周，右手开扇举头顶。

（7）1—8 拍： 左脚起左右左踏步，双手旁打开，扇面朝前，右脚动作相反。

（8）1—4 拍： 半蹲，胸前开扇。

　　　5—8 拍： 站立。

（9）1—8 拍： 身体对 2 点方向，撩腿跳颠步，左手叉腰，右手转扇。

（10）1—8 拍： 跳颠步短句，共 2 次。

（11）1—8 拍： 身体对 2 点方向，吸腿跳颠步，吸左腿抱扇，吸右腿举扇退场。

课外舞蹈赏析

《绣荷包》

编导：朱云卿

表演：云南省花灯剧院

这是一个现代云南花灯舞蹈作品，舞蹈在优美的旋律中，表现了一群云南姑娘含蓄、优美、细腻的性格特点以及对生活的热爱和对爱情的向往。舞蹈充分运用云南花灯舞蹈元素，具有典型的云南花灯的风格特点，服装、造型新颖、别致，给观众以美的享受。

思考与练习

1. 网上查看云南花灯舞蹈的相关理论知识、舞蹈视频和图片。

2. 云南花灯舞蹈的风格特点是什么？

3. 学生自行分组，灵活运用云南花灯舞蹈元素，创编云南花灯儿童舞蹈。

云南花灯舞动律的形成及分类

崴的动律特征源于生活，在生产劳动中人们多以肩挑为主，劳动者挑起重担行走在田埂、坡坎或泥泞道上时，为了平衡身体，会利用两胯扭动稳定重心，必然崴来崴去，人们将这些生活动作经过舞蹈化的加工、提炼逐渐形成了独有的"崴"风格特点。"崴"是云南花灯舞蹈的基本动律，也是云南花灯舞蹈的最大特点。这种"崴"的动律是崎岖山路上行走步态的艺术升华，是来自山地农村的劳动生活和当地群众的审美情趣。

崴可以分为两大类，即反崴和小崴，男性以反崴为主，女性则以小崴为主。无论是男性的反崴还是女性的小崴，都是以下躯为主要运动部位，其运动形式是连续不断地横向移动或上下崴动。崴动律的根源在于膝部，它是上下兼左右的运动走向，这一运动形式带动了跨部以及上身的左右悠摆，形成了一个独特的动感形象。云南花灯特有的节奏、动律、情感特点，带来了它独特的美感特征：女性舞蹈表现出内秀、淡雅，具有南国的清秀风格和恬静的心理特征，区别于热情火爆的东北秧歌和婀娜俏丽的花鼓灯；男性舞蹈则区别于蒙古族舞的彪悍和鼓子秧歌的刚劲，展示出洒脱的美。

第三节　汉族民间舞：东北秧歌

东北秧歌是汉族民间舞的一种，其特点是泼辣火热、质朴浓烈。学习时，同学们要重点掌握东北秧歌的体态与动律、手巾花与步法的配合。

一、东北秧歌的风格特点

东北秧歌主要流行于我国东北三省，是汉族舞蹈的重要组成部分，也是民间秧歌舞中最具北方特色的。它起源于古代的祭祀活动和日常的劳动生活。随着时代的变迁，东北秧歌融入了地秧歌、二人转、戏曲和古典舞中的一些舞蹈元素，使舞蹈形式多样、丰富多彩。手巾花与舞姿的动态结合，是东北秧歌富有表现力的重要因素，如里外片花的秀美，小燕展翅的俏丽活泼，出手花的泼辣果断。

"稳中浪，浪中眼，眼中俏，踩在板上，扭在腰眼上"，是东北秧歌的风格特征。

东北秧歌形式诙谐，风格独特，融泼辣、幽默、文静、稳重于一体，将东北人民的热情质朴、刚柔并济的性格特征表达得淋漓尽致，是广大群众喜闻乐见的一种民间歌舞。

二、基本动作训练

（一）基本体态

正步位，双手叉腰；重心前倾，提胯、拔腰、含胸、垂肩、眼睛平视。

（二）基本动律

1.上下动律

双手叉腰，以腰为轴，以腰左右交替带动两肋做下弧线运动，重拍在下。（图3-3-1）

2.前后动律

双手叉腰，以腰为轴，左肩前送，右肩回拉，交替进行，重拍在下。（图3-3-2）

3.划圆动律

双手叉腰，以腰为轴，左、右两侧腰围绕腰轴前、后、上、下交替划立圆，重拍在下。（图3-3-3）

图3-3-1　上下动律　　　　图3-3-2　前后动律　　　　图3-3-3　划圆动律

4.压脚跟

双手叉腰，双脚跟微提，快速下压，重拍在下。

（三）持巾法

1.握巾

手握手巾三分之一处，五指松弛。

2.三指夹巾

手巾花对折，手心向上，中指于手巾花下面；食指、无名指于手巾花上面，成三指夹巾，在缠花时运用。（图3-3-4）

（四）常用手位

1.双叉腰

双手背叉腰，双夹肘，眼睛平视。（图3-3-5）

2.双推山

双手胸前曲臂，右高左低或左高右低，压肘立腕，向前推掌。（图3-3-6）

图 3-3-4 三指夹巾　　　　　图 3-3-5 双叉腰　　　　　图 3-3-6 双推山

3 双扶胸

双小臂折回，架肘与肩平，双手压腕，手心向前。（图 3-3-7）

4. 双护头

双手放头两侧，双曲臂，手心向上。（图 3-3-8）

5. 单搭肘

左斜前垂臂，右手搭于左肘部。（图 3-3-9）

6. 双搭肘

右手搭于左大臂，左手搭于右大臂，大臂略抬起。（图 3-3-10）

图 3-3-7 双扶胸　　　　图 3-3-8 双抱头　　　　图 3-3-9 单搭肘　　　　图 3-3-10 双搭肘

7. 双扣手

双手小腹前曲臂，指尖相对，呈椭圆形。（图 3-3-11）

8. 扶鬓手

右手耳旁绕腕、左手胸前曲臂压腕立掌。（图 3-3-12）

9. 小燕展翅

双手体侧 45° 打开，压腕翘指。（图 3-3-13）

10.单展翅

左手叉腰,右手体旁立掌,压腕翘指。(图3-3-14)

图3-3-11　双扣手　　　图3-3-12　扶鬓手　　　图3-3-13　小燕展翅　　　图3-3-14　单展翅

（五）手巾花绕法

1.里绕花

握巾,转腕完成挑、绕、压、甩四个动作,重拍压腕,动作连贯干脆。

2.里片花

握巾,大拇指尖带动,由外向里转动,手巾呈平圆,反复进行,动作连贯。

3.外片花

握巾,手指带动,由外向里经手腕绕一圈,手巾绕出立圆形。动作同里片花,方向相反。

（六）常用手臂动作

1.单臂花

左手叉腰,右手上弧线在胸前里绕花,经下弧线至体旁里绕花,动作连贯,右手动作相反。(图3-3-15）

2.双臂花

左手在胸前,右手在体旁同时一顺边做里绕花,左右交替做。(图3-3-16)

图3-3-15　单臂花　　　图3-3-16　双臂花

3. 交替花

双手交替做单臂花。交替花分大、中、小三种，大交替花手臂划圆过头顶；中交替花手臂在胸前划横的椭圆；小交替花手臂在胃前划小圆。

4. 蝴蝶花

双手腹前交叉里绕花一次，经下弧线至小燕展翅位里绕花一次。蝴蝶花也称十字花。

5. 蚌壳花

双手双扬手位里挽花经头落至胸前交叉花，然后双扬手位打开，身体配合左右小拧身，又称盖分花。（图3-3-17、图3-3-18）

6. 肩上花

右手经上弧线里绕花落于右肩上，左手打开至体旁，左右手动作交替。（图3-3-19）

图 3-3-17　蚌壳花 1　　　　图 3-3-18　蚌壳花 2　　　　图 3-3-19　肩上花

7. 碎绕花

握手巾于胸前位，由手腕带动由外向里连续绕手巾，手臂松弛，绕巾越碎越好。

三、东北秧歌舞蹈组合

（一）踢步训练组合

踢步训练组合

动作说明

准备：身体对1点方向，正步位站立，双手下垂。

（1）1-8拍：　双手叉腰，左脚原地前踢步四次，两拍一次。

（2）1-8拍：　双手叉腰，右脚原地前踢步四次，两拍一次。

（3）1-8拍：　双手叉腰，左脚原地前踢步两次换右脚原地前踢步2次，一拍一次，反复一次。

（4）1-8拍：　双手叉腰，左右脚原地交替前踢步8次，一拍一次。

（5）1-8拍：　双手叉腰，左脚原地前踢步4次，右脚原地前踢步4次，一拍一次。

（6）1-8拍：　重复（5）的动作。

（7）-（8）　重复（4）的动作。

（9）1-8拍：　双手叉腰，左脚原地后踢步4次，两拍一次。

（10）1-8拍：　双手叉腰，右脚原地后踢步4次，两拍一次。

（11）1-8拍：　双手叉腰，左脚原地后踢步两次换右脚原地后踢步两次，一拍一次，反复一次。

（12）1-8拍：　双手叉腰，左右脚原地交替后踢步8次，一拍一次。

（13）1-8拍：　双手叉腰，左脚起后踢步向3点方向横移，一拍一次，左右脚交替踢8步。

（14）1-8拍：动作同（13），方向相反。

（15）-（16）重复（12）的动作。

（17）1-8拍：左右脚原地交替后踢步，半拍一次。

（二）动律训练组合

动律训练组合

动作说明

准备：　双手叉腰，正步位站立，眼睛平视。

（1）1-8拍：　双脚压脚跟4次，二拍一次。

（2）1-4拍：　左、右上下动律各一次，二拍一次。

　　　5-8拍：　上下动律左右交替做4次，一拍一次。

（3）-（4）　重复（1）-（2）的动作。

（5）1-4拍：　双脚压脚跟4次，一拍一次。

　　　5-8拍：　前后动律2次，二拍一次。

（6）1-8拍：　重复（5）的动作。

（7）1-8拍：　前后动律8次，一拍一次。

（8）1-8拍：　划圆动律4次，二拍一次。

（9）1-6拍：　划圆动律6次，一拍一次。

　　　7-8拍：　两拍一动，划圆动律一次，二拍一次。

（10）1-8拍：左脚对8点方向上步成右踏步位，双护头，然后做前后动律6次，一拍一次。

（11）1-8拍：左脚对2点方向踏步转身，双手双扶胸，划圆动律6次成半蹲，一拍一次。

（12）1-8拍：收左脚压脚跟成正步位，身体对1点方向，双手经上弧线成双扣手，压脚跟
　　　　　　　上下动律6次，最后一次，双手往前推，一拍一次。

（13）1-8拍：左脚上步踏步位，胸前双扣手，压脚跟上下动律，4拍蹲，4拍起，一拍一次。

（14）-（15）左脚收正步位，双手双护胸，压脚跟夹肘两次，二拍一次，后踢步4次，一拍一次。

（16）1-8拍：左脚向左移动，双手交叉至小燕展翅位，压脚跟上下动律，一拍一次。

（17）1-8拍：做（16）的相反动作。

（18）1-8拍：右起后踢步两个，双手双护胸，压脚跟夹肘6次，一拍一次，接一鼓结束。

（三）里绕花训练组合

里绕花训练组合

动作说明

准备：正步位准备，身体对2点方向，双手自然下垂，身体对1点方向和8点方向之间。最后两拍，沉气，右脚上步成右脚前踏步，左手叉腰。

（1）1-6拍：右脚上步成踏步位，左手叉腰，右手单臂花6个，一拍一次。第6拍左脚上步成正步位，身体对1点方向。

7-8拍：上下动律左右左，半拍一次。

（2）1-8拍：动作同（1）的相反动作。

（3）1-4拍：左脚起双臂花前踢步4次，一拍一次。

5-6拍：对8点方向双摊手，里绕花成小燕展翅。

7-8拍：上下动律，左右左。

（4）1-4拍：蚌蛤花，前踢步4次，两拍一次。

5-6拍：双手里绕花成双扣手。

7-8拍：上下动律，右左右。

（5）1-4拍：左脚上步，前后移动重心，大交替花四个，一拍一次。

5-8拍：小交替花4次，一拍一次。

（6）1-4拍：向左屈膝云步移动4次，蝴蝶花两次，两拍一次。

5-8拍：身体对2点方向，踏步位，双手顺风旗，上下动律左右左。

（7）1-8拍：重复（6）的相反动作。

（8）1-4拍：左脚上步，前后移动重心，小交替花4个，一拍一次。

5-8拍：大交替花4次，一拍一次接二鼓动作结束。

（四）跳踢步训练组合

跳踢步训练组合

动作说明

准备：正步位，双手自然下垂，右中区出场准备。

（1）1-8 拍：对 7 点方向后跳踢小燕展翅 8 次，身体微前倾。

（2）1-8 拍：对 3 点方向后跳踢小燕展翅 8 次，身体微前倾。

（3）1-8 拍：面对 1 点方向，别步跳踢肩上花 8 步。

（4）1-8 拍：身体对 1 点方向，跳踢步交替花 4 次，转身 360° 成正步位，双摊手里绕花成小燕展翅。

（5）1-4 拍：对 7 点方向后跳踢蝴蝶花，4 步。

    5-8 拍：对 3 点方向后跳踢蝴蝶花，4 步。

（6）1-4 拍：后跳踢小交替花，向 4 点方向后退 4 步。

    5-8 拍：对 8 点方向含胸碎绕花，立半脚尖，双手举头顶。

（7）1-4 拍：对 8 点方向上步立半脚尖，双手头顶里绕花 4 次。

    5-8 拍：对 4 点方向退一步立半脚尖，双手头顶里绕花 4 次。

（8）1-8 拍：身体对 8 点方向，别步跳踢肩上花六次，左脚转身对 3 点方向，小燕展翅位。

（9）1-8 拍：身体对 3 点方向，后跳踢步蝴蝶花 8 次。

（10）1-8 拍：身体对 7 点方向，后跳踢步蝴蝶花 8 次。

（11）1-8 拍：身体对 8 点方向，向阳花 2 次。

（12）1-4 拍：前跳踢步肩上花 4 次。

    5-6 拍：后跳踢步交替花 2 次。

    7-8 拍：上步成正步位，双摊手小燕展翅接二鼓结束。

（五）东北秧歌儿童舞蹈《拾豆豆》

拾豆豆

动作说明

准备：身体对 7 点方向，双手握巾肩前端平。

第一段

（1）-（2）准备姿态，对 7 点方向跳踢步。

（3）1-4 拍：身体对 1 点方向，右脚踏步位半蹲，右手点肩位，左手旁打开。

    5-8 拍：动作相反。

（4）1-4 拍：身体对 1 点方向，双摊手至小燕展翅位。

    5-8 拍：双脚压脚跟，双手蝴蝶花。

（5）1-4 拍：双脚压脚跟，双手蝴蝶花。

    5-8 拍：双手头顶绕巾，立半脚尖小碎步自转一周，收正步位旁按手。

第二段

（6）1-4拍：身体对8点方向，双手左前右后里绕花，收体侧。

5-8拍：身体对2点方向，双手右前左后里绕花，收体侧。

（7）1-4拍：身体对1点方向，左脚前勾脚，右腿半蹲，右手前平摊，左手上举，双手绕花。

5-8拍：保持姿态，晃头。

（8）1-8拍：动作同（3）。

（9）1-8拍：动作同（4）。

（10）1-8拍：动作同（5）。

间奏

（11）1-4拍：身体对5点方向，双手胸前曲臂握巾，双脚跳踢步。

5-8拍：对5点方向跳踢步，双手上位掸巾。

（12）1-4拍：双手胸前曲臂握巾，跳踢步转身对1点方向。

5-8拍：左手胸前握巾，右手指对8点方向至2点方向点指4次。

（13）-（14）身体对1点方向，重复（11）-（12）动作。

第三段

（15）1-4拍：身体对1点方向，左脚前勾脚，右腿半蹲，右手前单摊手，左手举头顶，双手绕花收胸前。

5-8拍：反复一次。

（16）1-8拍：动作同（7）。

（17）1-8拍：动作同（3）。

（18）1-8拍：动作同（4）。

（19）1-8拍：动作同（5）。

尾声

（20）1-8拍：身体对7点方向，左手搭前面人右肩，右手自然下垂，双脚压脚跟，右手由前向后划圆。

（21）1-4拍：身体对7点方向，左手叉腰，双脚原地跳一次，右手叉腰。

5-8拍：做相反动作，眼睛视1点。

（22）1-8拍：动作同（20）。

（23）1-8拍：动作同（21）。

（24）1-8拍：结束造型。

课外舞蹈赏析

1. 东北秧歌《小看戏》

《小看戏》是东北秧歌的经典传统舞蹈，是学习东北秧歌的典范之作。音乐节奏活泼欢快，舞蹈描绘了一群东北女孩看戏的故事情节，表现了东北女孩热情、泼辣、俏皮的性格特征，舞蹈中手绢花的运用以及与动律、步伐的配合将东北秧歌"稳中浪、浪中哏、哏中俏"的风格特点表现得淋漓尽致。

2.东北秧歌《喜雪》

舞蹈形式：独舞

舞蹈改编：杨小玲、杨杉

演出团体：武汉市第一聋哑学校

喜雪

瑞雪兆丰年，人们纷纷涌出家门。万物沉静的季节里，人们在冰天雪地，在响亮的钹鼓、悠扬的唢呐声中欢悦地和雪花一起舞蹈。这欢腾热闹的秧歌使生命充满了活力，更是心灵的一次洗礼。舞蹈中"踩在板儿上，扭在腰眼上，活在手腕儿上"的动律语汇，将东北秧歌的民俗民风展现得淋漓尽致，塑造了泼辣、开朗、大方、乐观的东北妞儿形象，体现了黑土地所滋养的人民活泼火热、质朴浓烈的情感特征。

思考与练习

1.网上查阅东北秧歌舞蹈的相关理论知识、舞蹈视频和图片。

2.东北秧歌舞蹈的风格特点是什么？

3.学生自行分组，灵活运用东北秧歌舞蹈元素，创编东北秧歌儿童舞蹈。

拓展学习

东北秧歌的特点简介

1.体态特征

东北秧歌是种幽默、豪放的表演艺术，所以它的动作也基本趋向于简洁大方。东北秧歌与辽西的高跷秧歌体态有很多相似的地方，在舞动的时候身体通常会保持微微前倾，以确保舞动的简洁性与灵活性，女性注重俏丽，而男性注重哏、逗。当然秧歌最重要的还是扭，仅仅从字面来看，扭就会让人觉得热情、豪放、幽默风趣。

2.节奏特征

与音乐有关的表演艺术都会有着自身独特的节奏特征，在节奏上，东北秧歌多采用2/4拍或4/4拍，但与传统的音乐作品不同的是每一小节的起始拍并不是重音，在节奏方面也有一定的变化，并且较多地运用了附点节奏，使乐曲的节奏具有丰富的变化性。通常东北秧歌都会选择一些富有地域文化特色的乐曲，直观地表现劳动人民对生活乐观向上的态度。

3.步伐特征

东北秧歌属于歌舞艺术，所以在其步伐方面也有着独特的风格。东北秧歌的步伐侧重踢步，快速踢出、稳健落脚，快速灵活，同时配合着身体的扭动，与踩着高跷舞动有很多相似之处，其动作的收放将东北人民朴实、豪放又不失幽默的性格表露无遗。

4.动律特征

动律简单来说就是扭动方法，其中包括身体的动态以及步伐的结合。东北秧歌的动律主要是以划圆动律，前后动律以及上下动律相结合强调动静的结合、稳中求俏的方法、前后步法的交叉运用。动作给人的感觉似前奏又像结束，整体动作简单易懂，变化丰富又显俏皮。东北秧歌中的走相也是动律的重要组成部分，是最能够带动气氛的一种动律。简单来说，走相要有劲、有节奏，步法要变换自如，在走的同时配以手巾花的舞动，点线连接，随着乐曲的节奏摆动，更能体现出东北秧歌稳中浪、哏中俏的表演特点。

第四节　蒙古族民间舞

蒙古族是一个能歌善舞、勤劳勇敢的的少数民族。由于长期的草原生活，他们的歌舞反映着游牧民族所特有的民族个性和风格。学习时重点掌握肩、手、臂和步法的练习。

一、蒙古族舞蹈的风格特点

蒙古族主要居住在我国内蒙古自治区，以能歌善舞的"马背上的民族"著称。他们的先人生活在辽阔的大草原上，创造了辉煌的草原文化。蒙古族人民热情、勇敢、纯朴、粗犷的性格，是在草原生活中点滴形成的。蒙古族舞蹈分为三类：民间舞蹈、宗教舞蹈、宫廷舞蹈，其中以民间舞蹈最具特色，如安代舞、筷子舞、盅碗舞、狩猎舞等，其特点是节奏明快、舞步轻捷、热情奔放、稳健有力，充分表现了蒙古人开朗的性格和豪放的气质，具有强烈的民族特色。

蒙古族舞蹈重视头、眼、肩、手、胸、腰、脚的配合统一，丰富多变的肩部动作、马步表现蒙古族人民活泼、开朗的性格；挺拔的舞姿、延绵的柔臂表现了蒙古人剽悍英武、含蓄沉稳、刚毅乐观的个性；双膝的屈伸沉而柔韧，脚下稳重，强调下沉的力量，表现出蒙古族舞蹈特有的豪迈、洒脱、沉稳之感。在练习时要融入"圆形、圆线、圆韵"的意识。

二、基础动作训练

（一）基本体态

右脚踏步，双手叉腰，提胯、立腰、拔背；上身略左拧，重心略靠后，眼睛看8点方向。（图3-4-1）

（二）基本手形

1.平掌

四指并拢，虎口自然打开，五指自然平伸，掌心放松。（图3-4-2）

2.自然掌

五指自然平伸。（图3-4-3）

3.空心拳

空心握拳。（图3-4-4）

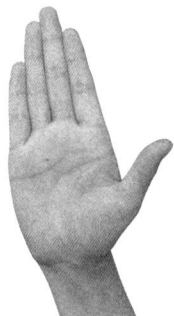

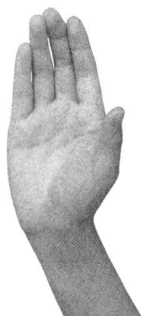

图 3-4-1　基本体态　　　　图 3-4-2　平掌　　　　图 3-4-3　自然掌　　　　图 3-4-4　空心拳

（三）基本手位

1. 一位

双手扶小腹，肘微屈。（图 3-4-5）

2. 二位

双臂侧打开 45°。（图 3-4-6）

图 3-4-5　一位　　　　　　　图 3-4-6　二位

3. 三位

双臂侧平举，掌心向下。（图 3-4-7）

4. 四位

双手斜上位，掌心向下。（图 3-4-8）

图 3-4-7　三位　　　　　　　　　　　　　图 3-4-8　四位

5. 五位

双手胯旁按掌，指尖相对，肘微屈。（图 3-4-9）

6. 六位

双臂搭肩位，手指触肩。（图 3-4-10）

7. 七位

双手握拳，拇指叉腰，手心向下。（图 3-4-11）

8. 八位

双手后背按掌，重心靠后。（图 3-4-12）

图 3-4-9　五位　　　　图 3-4-10　六位　　　　图 3-4-11　七位　　　　图 3-4-12　八位

9. 勒马

手握空心拳压腕似拉缰绳，可以单手勒马也可双手勒马。（图 3-4-13）

10. 扬鞭

右手头顶持鞭，左手勒马。（图 3-4-14）

11. 加鞭

左手勒马，右手持鞭，手由上经前向后甩鞭。（图 3-4-15）

12. 挥鞭

右手头顶持鞭，转动手腕，左手勒马。

图 3-4-13　勒马

图 3-4-14　扬鞭

图 3-4-15　加鞭

（四）基本脚位

1. 正步位

两脚并拢，脚尖朝前。（图 3-4-16）

2. 小八字位

脚跟靠拢，脚尖略外开。（图 3-4-17）

3. 大八字位

两脚打开同肩宽，间距约一脚距离。（图 3-4-18）

图 3-4-16　正步位

图 3-4-17　小八字位

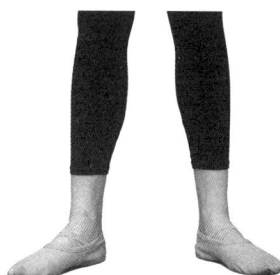
图 3-4-18　大八字位

4. 踏步位

左脚前，右脚后，右膝盖抵于左膝盖窝处，右脚掌点地，重心在左脚。（图 3-4-19）

5. 虚丁位

右脚前，左脚后，右脚掌点地，双腿屈膝，重心在左腿。（图3-4-20）

图3-4-19 踏步位　　　　　图3-4-20 虚丁位

（五）常用手臂动作

1. 软手

手臂动作模仿波浪，也称波浪手，动作连贯柔美。

2. 硬手

硬手也称硬腕或提压腕，手腕有节奏地提腕和压腕。动作干脆、连贯。（图3-4-21、图3-4-22）

3. 柔臂

右手提腕，左手压腕，两臂交替做波浪式手臂动作，由肩、大臂、肘、小臂、手腕、指尖的路线，延绵不断。（图3-4-23）

图3-4-21 硬手1　　　图3-4-22 硬手2　　　图3-4-23 柔臂

（六）常用肩部动作

1. 柔肩

双脚踏步位，七位手准备，双肩连绵不断的前后交替移动，动作柔和连贯。

2. 硬肩

双脚踏步位，七位手准备，硬肩分为单硬肩与双硬肩，双肩前后交替移动，动作干脆，节奏性强（图3-4-24）。

3. 耸肩

双脚踏步位，七位手准备，单肩或双肩上提下落。（图 3-4-25）

图 3-4-24　硬肩　　　　　　图 3-4-25　耸肩

4. 碎抖肩

双脚踏步位，七位手准备，双肩快速均匀前后抖肩，动作小而碎。

5. 笑肩

踏步位，七位手准备，双肩快速上提下落，一般连续起落 3 次为一个笑肩。

6. 绕肩

七位手准备，双肩或单肩匀速连贯向里或向外环绕。

（七）基本舞步

1. 平步

小八字位，七位手准备，双脚脚掌拖地平稳匀速向前行进。

2. 垫步

垫步分为前垫步和旁垫步。小八字位，七位手准备，左脚前进一步，右脚快速跟上落于后踏步，旁垫步动作相同，只是脚步左右移动。

3. 马步

马步包括走马步、跑马步、踏点马步、进退马步、摇篮马步、碎跺马步等。

三、蒙古族舞蹈组合

（一）肩训练组合

肩训练组合

动作说明

准备：身体对 1 点，双手叉腰，右脚后踏步，目视前方。

（1）-（2）　　　左脚上步成右踏步位，硬肩两拍一次。

（3）1-8 拍：　　右脚上步成左踏步位，硬肩一拍一次。

（4）1-8 拍：　　前四拍，左脚上步成右踏步位，后四拍，右脚上步，硬肩一拍一次。

（5）1-8 拍：　　左右腿交替弓步，耸肩，两拍一次。

（6）1-8 拍：　　右脚踏步位，笑肩两拍三次，慢慢向后移动重心，笑肩做四次。

（7）-（8）　　　做（5）-（6）的相反动作。

（9）-（10）　　转身身体对 5 点，左脚起四拍行进一步，左右脚交替前进四步，硬肩，一拍一次。

（11）1-8 拍：　转身身体对 1 点，左脚起垫步，耸肩，二拍一次。

（12）1-8 拍：　右脚起垫步，耸肩，二拍一次。

（13）1-8 拍：　左脚上步成右后踏步位，硬肩双肩两拍一换。

（14）1-8 拍：　右脚上步成左后踏步位，硬肩双肩两拍一换。

（15）-（16）　反复（13）-（14）动作。

（17）1-8 拍：　身体对 5 点，右脚踏步位，四拍行进一步，硬肩双肩两拍一换。

（18）1-8 拍：　重复（17）动作。

（19）-（20）　重复（11）-（12）动作。

（21）1-8 拍：　身体对 2 点，前四拍，左脚起二拍上一步，硬肩双肩，后四拍，一拍上一步，硬肩，一拍一次。

（22）1-8 拍：　身体对 2 点往 6 点后退，前四拍，二拍退一步，硬肩双肩，后四拍，一拍退一步，硬肩，一拍一次。

（23）1-8 拍：　身体对 8 点，前四拍，二拍上一步，硬肩双肩，后四拍，一拍上一步，硬肩，一拍一次。

（24）1-8 拍：　身体对 8 点往 4 点后退，前四拍，二拍退一步，硬肩双肩，后四拍，一拍退一步，硬肩，一拍一次。

（25）-（27）　身体对 5 点，右后踏步位，双手斜下位，手心向上，碎抖肩。

（28）1-8 拍：　前六拍，身体对 5 点碎抖肩，最后两拍，身体对 1 点踏步位，收七位手。

（二）体态、胸背训练组合

体态、胸背训练组合

动作说明

准备：两人面对 3 点、7 点方向自然位准备。

（1）-（2）　　两人各自对3点、7点，左脚上步成右踏步位，摆手，二拍一次。

（3）1-8拍：　身体对2点，左脚上步成右踏步位，身体横拧体态，四拍一次。

（4）1-8拍：　身体对8点，右脚上步成左踏步位，身体横拧体态，四拍一次。

（5）-（6）　　身体对1点，左脚上步成右踏步位向前行进，向后展胸，二拍一次。

（7）-（8）　　动作同（3）-（4）。

（9）1-8拍：　身体对1点，脚向6点移动，二拍一次。

（10）1-8拍：身体对1点，脚向4点移动，二拍一次。

（11）-（12）身体对7点，右脚前左脚后，双腿屈膝颤膝，波浪手，一拍一次。

（13）-（14）身体对3点，左脚前右脚后，双腿屈膝颤膝，波浪手，一拍一次。

（15）-（16）身体对6点、4点，踏步位，身体横拧体态，4拍换一次，最后两拍转身对1点，踏步位，身体横拧体态结束。

（三）硬手训练组合

硬手训练组合

动作说明

准备：身体对1点，正步位，自然位，双手下垂，眼睛平视。

（1）1-4拍：　身体对1点，右脚上步成左踏步位，颤膝，双手一位手提压腕。

　　　5-8拍：　身体对1点，左脚上步成右踏步位，颤膝，双手二位手提压腕。

（2）1-4拍：　右脚上步成左踏步位，颤膝，双手三位手提压腕。

　　　5-8拍：　左脚上步成右踏步位，颤膝，双手四位手提压腕。

（3）1-4拍：　踏步位后退，重心靠后，颤膝，双手一位手提压腕。

　　　5-8拍：　踏步位后退，重心靠后，颤膝，双手二位手提压腕。

（4）1-4拍：　踏步位后退，重心靠后，颤膝，双手三位手提压腕。

　　　5-8拍：　踏步位后退，重心靠后，颤膝，双手四位手提压腕。

（5）-（6）　　身体对1点，右脚上步成弓步，双手四位手提压腕至三位手提压腕，身体重心前后移动。

（7）1-4拍：　右脚起错步，拧身对3点，五位手。

　　　5-8拍：　左脚起错步，拧身对7点，六位手。

（8）1-4拍：　右脚后退成左踏步位，拧身对3点，五位手提压腕。

　　　5-8拍：　左脚后退成右踏步位，拧身对7点，六位手。

（9）1-8拍：　右脚垫步横移，双手胸前交叉划圆，双手提压腕。

（10）1-8拍：左脚垫步横移，双手胸前交叉划圆，双手提压腕。

（11）1-8拍：右脚向前垫步，双手胸前交叉划圆，双手提压腕。

（12）1-8拍：左脚向后垫步，双手胸前交叉划圆，双手提压腕。

（13）1-4拍：双脚立半脚尖，四位手提压腕。

5-8拍：双脚垫步，四位手提压腕。

（14）1-8拍：双脚立半脚尖后退，四位手提压腕。

（15）1-8拍：右脚起向前垫步，双手交叉划圆，三位手硬肩提压腕，重心前倾。

（16）1-8拍：左脚起向后垫步，双手交叉划圆，三位手硬肩提压腕，重心靠后。

（17）–（18）左脚旁移成大八字步，对8点，三位手硬肩提压腕，移动身体对2点，三位手硬肩提压腕。

（19）1-8拍：身体对2点，上身前倾，右后踏步垫步移动，双手一位手提压腕。

（20）1-8拍：身体对8点，上身前倾，左后踏步垫步移动，双手一位手提压腕。

（21）1-8拍：垫步转身对5点，双手四位手提压腕。

（22）1-8拍：垫步转身一周对5点，双手四位手提压腕，最后两拍双腿跪地，双手击掌至三位手。

（23）1-8拍：板腰三位手提压腕、硬肩，双腿跪地对5点，四拍下腰，四拍起。

（24）1-8拍：前六拍动作同（23），后两拍转身，右腿单腿跪地，双手七位手，重心靠后。

（四）蒙古族儿童舞蹈《美丽的草原我的家》

美丽的草原我的家

动作说明

准备：站左区身体对5点，小八字位，双手下垂。

前奏：身体对5点，垫步向7点横移，波浪手，最后一拍转身对1点。

（1）1-8拍：左脚对2点弓步，波浪手，第8拍，双脚立，双手举头顶。

（2）1-8拍：右脚对8点弓步，波浪手，第8拍，双脚立，双手举头顶。

（3）1-8拍：动作同（1）。

（4）1-8拍：身体对1点，小碎步原地四拍，四位波浪手，自转一周，四拍。

（5）1-8拍：右脚起连贯后退四步，双手提压腕。

（6）1-8拍：左脚踏步位，原地垫步，双手提压腕。

（7）1-8拍：圆场步一周，双手四位手。

（8）–（9）左脚垫步横移，双手胸前交叉立圆，四位手提腕，右脚动作相反。

（10）1-8拍：右脚起跳交叉步，双手胸前手背相对，里绕花斜上位，二次。

（11）1-4拍：右脚4点后退弓步，左手斜上位，左脚收后踏步位，七位手。

5-8拍：左脚6点后退弓步，右手斜上位，右脚收后踏步位，七位手。

（12）1-4拍：自转一周对1点。

间奏：右脚上步成弓步，七位手柔肩，重心前后移动，四拍一换。最后四拍自转一周对1点。

（13）1-8拍：身体对1点，右脚起向3点横移，双手波浪手。

（14）1-8拍：动作同（13）相反动作。

（15）1-8拍：右脚起后退，双手提压腕。

（16）1-8拍：左脚后踏步位，原地垫步，双手提压腕。

（17）1-4拍：右脚后踏步位，五位手提压腕。

5-8拍：左脚后踏步位，五位手提压腕。

（18）1-8拍：动作同（17）。

（19）1-8拍：圆场步一周，双手四位手。

（20）-（21） 向7点左右脚交替上四步，背对3点后退四步，双腿颤膝，勒马手。

（22）1-8拍：右脚起跳，左右脚交替，双手划八字。

（23）-（24） 动作同（11）-（12）。

（25）1-8拍：身体对2点，勒马手，踮脚出场。

课外舞蹈赏析

1. 蒙古族舞蹈《顶碗舞》

编导结合蒙古族人民的生活环境和文化传统等背景因素创作了该舞蹈作品，表现了蒙古族人民的热情、豪放与自信，演员们头顶着瓷碗，以优美的舞姿，变换着各种队形，步伐轻盈，整齐划一，时而如行云流水，时而如雄鹰展翅，充分展示了蒙古族舞蹈的风格特点，深受观众喜爱。

2. 蒙古族舞蹈《赛马》

舞蹈形式：三人舞

舞蹈编导：杨小玲、杨杉

演出团体：武汉市第一聋哑学校

舞蹈赛马具有强烈的民族特色，通过作品表现蒙古族人民骑马在草原上奔驰的场景。舞蹈作品节奏明快，舞步轻盈、在一挥手、一扬鞭、一跳跃之间洋溢着蒙古人的纯朴、热情、勇敢、粗犷和彪悍。

赛马

思考与练习

1. 网上查看蒙古族舞蹈的相关理论知识、舞蹈视频和图片。

2. 蒙古族舞蹈的风格特点是什么？

3. 学生自行分组，灵活运用蒙古族舞蹈元素，创编蒙古族儿童舞蹈。

蒙古族舞蹈的种类

蒙古族舞蹈的表现形式丰富多彩，从目前蒙古文化艺术的发展情态来看，蒙古族民间舞蹈主要分为以下几种。

1.安代舞

明末清初，生活在科尔沁草原的库伦旗人首先依据生活的需要，创作出安代舞。安代舞作为萨满为族人治病时向神灵祈求消灾祛痛、平安无事的舞蹈，得以流传至今。随着生活条件的改善与时代的变迁，安代舞渐渐退去迷信的色彩，逐步成为一种深受欢迎的民间舞蹈类型，在欢庆节日、厚待宾客和庄稼丰收之时，蒙古族民众以安代舞来表达喜悦之情。

2.盅碗舞与筷子舞

盅碗舞在蒙古族舞蹈中用来表现女性的古典与优雅。筷子舞则表现着蒙古族男性的豪爽与热情。蒙古族人素来有席间不准敲击碟、碗、筷子和酒盅的规矩。但在欢乐的节日里，载歌载舞的人们情不自禁地流露出喜悦之感，会敲碟碗、击筷子。盅碗舞中，舞者多依靠肩部动作进行表现，手持双盅，头顶瓷碗，依音乐节奏碰盅；不仅要保证碗不掉、盅不破，还要时缓时急、刚柔相济、优美流畅。而筷子舞则要求舞者右手持筷，结合音乐节奏对身体各部位进行击打，同时配以耸肩、跳跃等动作。筷子舞具有节奏感强、动作敏捷等特点，是深受群众喜爱的舞蹈艺术形式。

3.摔跤舞

摔跤舞是一种模拟性面具舞，由一人独自表演双人摔跤的拼搏场面。表演者身背一长形木制架，架上放置布制的两个木偶形象的摔跤手，两者身着各色官服，头戴翎帽，假臂互抱，各作摔跤状；木架下遮有一条布幔，套上马靴，双手作脚，四肢踏地。饰者随鼓乐节奏，摔打起舞。舞蹈动作生动、灵巧、幽默、滑稽。

4.查玛舞

查玛舞俗称跳神或打鬼，是一种宗教寺庙舞蹈，常被用于佛法弘扬、佛教宣传和节日庆典。在舞蹈过程中，受过一定舞蹈训练的喇嘛饰戴各种鸟兽类面具，身穿盔甲和蟒袍在各种吹奏和打击的乐器伴奏下，手持各种法器，扮作不同身份的神灵进行表演。查玛舞气势宏大庄重，带有鲜明的宗教色彩。但是它在内容和表现形式上又带有浓厚的地域特色，受到蒙古族人民的喜爱。

第五节　维吾尔族民间舞

维吾尔族主要聚居在素以"歌舞之乡"著称于世的新疆维吾尔族自治区，是能歌善舞的民族。维吾尔族民间舞对身体的表现力要求非常细致，微颤的动律、多变的舞姿，形成了维吾尔族舞蹈"挺而不僵、颤而不窜、脚下不离散、上身洒得开"的风格特点。在学习时，同学们需要重点掌握维吾尔族舞蹈的动律、步伐、头眼、手腕等基本组合训练。

一、维吾尔族舞蹈的风格特点

在漫长的历史发展进程中，维吾尔族经历了游牧、畜牧、农耕等社会发展阶段，并接受了沿古丝绸之路传来的西方文化，这一切都反映在其瑰丽多姿的歌舞之中。维吾尔族舞蹈既有历史上"胡腾舞"的风韵，也有萨满跳神的姿态，还有古波斯、阿拉伯舞蹈的风情。

新疆南北地区的自然环境、历史背景和经济发展的差异，使维吾尔舞蹈在共同特征的基础上具有不同的区域特色。

在身体姿态上，维吾尔族舞蹈强调昂首挺胸、立腰、拔背，给人以高傲挺拔、洒脱自信之感。舞蹈者通过头、肩、腰、臂等各部位的身体动作同眼神的配合来传情达意，并结合动与静、大与小的动作对比以及移颈、绕腕等装饰性动作的灵巧点缀，形成热情、乐观、自信、稳重、细腻的韵味特征。

在音乐节奏上，维吾尔族舞蹈音乐多用切分节奏，并在附点节奏和弱拍上以强势的艺术处理。如舞蹈中的"绕腕"，下颌的"弹挑"，基本步伐"三步一抬"中的后踢步都是在弱拍做的，以凸显维吾尔族舞蹈的风格特点。

在动律方面，维吾尔族舞蹈的特点体现为膝部有规律的连续颤动、变换动作前一瞬间的微颤。这些动律使舞蹈动作的衔接自然流畅、潇洒优美。连续性微颤常见于节奏比较平稳的舞蹈，以中老年舞蹈居多。维吾尔族舞蹈中经常出现演员在急速的旋转中动作戛然而止，动作开始时快而强劲，停止时迅速、稳健，动静之间，神韵俱出。

维吾尔族舞蹈的另一个特点是腰功和快速旋转技巧的展示。旋转是维吾尔族舞蹈的常用技巧，表演时多以竞技性的旋转作为舞蹈的高潮，在连续旋转中不断变换舞姿属于高难度的技巧。

二、基础动作训练

（一）基本体态

小八字位站立，立腰、拔背、微挺胸、目视前方。

（二）基本脚位

1. 小八字位

两脚跟自然靠拢，两脚尖自然打开。（图3-5-1）

2. 前点位

小八字位准备，动力腿前脚掌点地于主力腿前，大腿内侧回夹，膝盖靠拢。（图3-5-2）

3. 旁点位

小八字位准备，动力腿前脚掌点地于主力腿旁。（图3-5-3）

4. 侧后点位

小八字位准备，动力腿前脚掌内侧点地于主力腿侧后位。（图3-5-4）

图 3-5-1　小八字位　　图 3-5-2　前点位　　图 3-5-3　旁点位　　图 3-5-4　侧后点位

（三）基本手形

立掌：立腕，五指自然松弛向上，中指自然靠于拇指。（图 3-5-5）

（四）基本舞姿

1. 叉腰式

双手虎口叉腰略偏前，双肘略向前，手腕下压。（图 3-5-6）

2. 托辫式

双手于大腿外后侧扣手，手心朝上，双臂略屈。（图 3-5-7）

3. 平开式

双臂体旁侧平举，立掌。

4. 上托式

双手举头顶，手心朝上，立掌。（图 3-5-8）

3. 胸前立掌式

双手胸前立掌，右上左下。（图 3-5-9）

图 3-5-5　立掌

图 3-5-6　叉腰式　　图 3-5-7　托辫式　　图 3-5-8　上托式　　图 3-5-9　胸前立掌式

4. 瞭望式

右手自然掌形扣于额前，手心朝下，左手自然掌形胸前按掌，手心朝下。（图 3-5-10）

5. 胸前斜上立掌式

左手胸前立掌，右手头顶上方立掌，手心向下。（图3-5-11）

6. 顺风旗式

左手平开立掌，右手头顶托掌，手心朝上。（图3-5-12）

图 3-5-10　瞭望式　　　图 3-5-11　胸前斜上立掌式　　　图 3-5-12　顺风旗式

7. 托帽式

左手耳旁上托，手心朝上，右手斜上方立掌。（图3-5-13）

8. 单托帽

右手耳旁上托，手心朝上，左手叉腰。（图3-5-14）

9. 双托帽

双手分别耳旁上托，手心朝上，双肘略向前。（图3-5-15）

图 3-5-13　托帽式　　　图 3-5-14　单托帽　　　图 3-5-15　双托帽

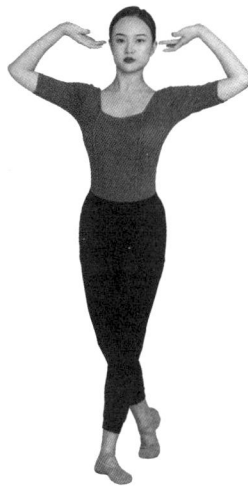

10. 单托腮

右手下颏立掌，托腮，左手背托右肘。（图 3-5-16）

11. 双托腮

双手腕下颏相对，立掌，托。（图 3-5-17）

12. 围腰托帽式

右手耳旁上托，手心朝上，左手右腰前围腰立掌。（图 3-5-18）

图 3-5-16　单托腮　　　图 3-5-17　双托腮　　　图 3-5-18　围腰托帽式

13. 围腰托掌式

右手上托，手心朝上，左手右腰前围腰立掌。（图 3-5-19）

14. 围腰点肩式

右臂折小臂，中指点肩，眼看右侧，左手右腰前围腰，手心朝里，中指尖点于右腰旁。（图 3-5-20）

15. 围腰扶胸式

左手围右腰，右手掌心扶左胸，眼看左斜下方。（图 3-5-21）

图 3-5-19　围腰托掌式　　　图 3-5-20　围腰点肩式　　　图 3-5-21　围腰扶胸式

16. 斜下提裙

双手体旁 45° 提裙，翘腕，也可单手做。（图 3-5-22）

17. 高提裙

双手体侧后提裙，手与肩同高，略挑胸腰。（图 3-5-23）

图 3-5-22　斜下提裙　　　　　　　　图 3-5-23　高提裙

三、维吾尔族舞蹈组合

（一）手位与绕腕训练组合

手位与绕腕训练组合

教学提示

在训练时要突出维吾尔族舞蹈立腰拔背的体态特点，摊绕腕动作的手摊出要慢，绕腕要快，运动路线要圆。

动作说明

准备：身体对 1 点方向，小八字位站立，双手自然下垂，目视前方。

（1）1-8 拍：　摊开式小七位绕腕手，站立式，目视前方。

（2）1-8 拍：　动作同（1）。

（3）1-8 拍：　摊开式七位绕腕手，站立式，目视前方。

（4）1-8 拍：　动作同（3）。

（5）1-8 拍：　摊开式三位绕腕手，站立式，目视前方。

（6）1-8 拍：　动作同（5）。

（7）1–8拍： 摊甩式五位绕腕手，站立式，目视前方。

（8）1–8拍： 做（7）的相反动作。

（9）1–8拍： 摊摆式六位点肩绕腕手，站立式，目视前方。

（10）1–8拍： 做（9）的相反动作。

（11）1–8拍： 搂绕四位点肩手，站立式，目视前方。

（12）1–8拍： 动作同（11）。

（二）踏蹲旁点步训练组合

踏蹲旁点步训练组合

教学提示

在训练时摇身点颤动强调颤而不窜，体态要求胯部上提，膝部既要有控制又要富有弹性，切忌僵硬。

动作说明

准备：身体对1点方向，小八字位站立，双手自然下垂，目视前方。

（1）1–8拍： 踏蹲旁点步进，双手摊开式搂绕叉腰手，二拍一次。

（2）1–8拍： 踏蹲旁点步退，上开式搂绕四位点肩手，二拍一次。

（3）1–8拍： 踏蹲旁点步进，单手托帽式。

（4）1–8拍： 踏蹲旁点步退，六位外里绕腕点腮手，二拍一次。

（5）1–4拍： 踏蹲旁点步进，七位盖掌绕脸手。

5–8拍： 二位切掌绕腕点腮手，右脚旁点地。

（6）1–4拍： 踏蹲旁点步进，七位盖掌绕脸手。

5–8拍： 自转一周，单扶胸敬礼。

（三）垫步训练组合

垫步训练组合

教学提示

在训练时横垫步的重心在两脚之间；行走中舞姿平稳，胯部上提，切忌上颤与摆胯。

动作说明

准备：站立在台右后，身体对1点方向。

（1）1–8拍：　　左脚横垫步向右横移，三位折腕手。

（2）1–8拍：　　同（1）的动作。

（3）1–8拍：　　右脚横垫步向左横移，双手弹腕。

（4）1–8拍：　　同（3）的动作。

（5）1–8拍：　　左脚横垫步向右横移，四位盖掌交替手。

（6）1–8拍：　　同（5）的动作。

（7）1–8拍：　　左脚横垫步向右横移，六位外里绕腕点腮手。

（8）1–8拍：　　同（7）的动作。

（9）1–8拍：　　右脚垫步，三位扶臂搂绕摆手。

（10）1–8拍：　同（9）的动作。

（11）1–8拍：　垫步，三位折腕手。

（12）1–8拍：　蹲式垫步，单手托帽式。

（四）三步一抬训练组合

三步一抬训练组合

教学提示

在训练时，三步一抬的第二步踩在附点节拍上，第三步小腿快速后抬，同时主力腿要有控制地颤动。

动作说明

准备：身体对1点方向，小八字位站立，双手自然下垂。

（1）1–8拍：　　右脚起三步一抬进，双手叉腰，做4次。

（2）1–8拍：　　右脚起三步一抬退，双手叉腰，做4次。

（3）1–8拍：　　右脚起横三步一抬进，双手叉腰，做4次。

（4）1–8拍：　　右脚起横三步一抬退，双手叉腰，做4次。

（5）1–8拍：　　右脚起横三步一抬进，单扛撩手，做4次。

（6）1–8拍：　　右脚起三步一抬退，点扛撩手，做4次。

（7）–（8）　　右脚起横三步一抬进，三位折腕手。

（9）1–4拍：　　右脚起转身三步一抬，托式五位绕腕手，做2次。

　　　5–8拍：　　右脚起转身三步一抬，四位摊开手，做2次。

（10）1–8拍：　同（9）的动作。

（11）1–8拍：　右脚起横三步一抬进，托式五位绕腕手，做4次。

（12）1–8拍：　同（11）的动作。

（13）1-8拍：右脚起转身三步一抬退，四位摊开手。

（14）1-8拍：同（13）的动作。

（15）1-8拍：右脚起三步一抬进，六位外里绕腕甩绕四位点肩手。

（16）1-8拍：同（15）的动作。

（五）维吾尔族儿童舞蹈《哈密姑娘》

哈密姑娘

1. 教学提示

（1）摊绕腕动作的手摊出要慢，绕要快，运动路线要圆。

（2）点颤时注意颤而不窜，胯部上提，膝部既要控制又要有弹性，切忌僵硬。

（3）维吾尔族舞的风格始终保持挺而不僵，颤而不窜。

2. 动作说明

准备：身体对3点方向，目视3点方向，正步位，从7点方向出场。

第一段

（1）1-8拍：右脚起踮脚小碎步8次，左手单托帽。

（2）1-4拍：右脚正步位踏步，右击掌。

　　　5-8拍：右脚后踏步位，左单托帽。

（3）-（4）重复（1）-（2）动作。

（5）1-8拍：重复（1）动作。

（6）1-8拍：身体转向1点，双手胸前交叉，右脚起踮脚小碎步8次。

（7）1-2拍：右脚前点，身体向前俯，双手斜下位摊手。

　　　3-4拍：右脚旁点地，右手单托帽。

　　　5-8拍：重复（7）1-4拍动作。

（8）1-4拍：右手单托帽，点颤2次。

（9）-（11）重复（6）-（8）动作。

（12）1-4拍：右脚正步位踏步，左击掌。

　　　　5-8拍：右单移颈舞姿。

（13）1-7拍：保持舞姿，右起移颈8次，同时慢蹲。

　　　　8拍：转身体对3点。

（14）-（15）重复（12）-（13）1-7拍的相反动作。

第二段

（16）1-8拍：脚下碎步右转两圈，右顺风旗，目视右手，转停至8点方向。

（17）1-4拍：右脚起三步一抬。

5-8拍：左脚起三步一抬。

（18）1-2拍：右脚8点方向前点，双手胸前掏手，身体微含。

3-4拍：右手单托帽，右脚旁点。

5-8拍：保持舞姿，点颤两次。

（19）–（21）重复（16）–（18）的相反动作。

第三段

（22）1-2拍：右脚起原地踏步两次，身体对7点，目视1点，左顺风旗位摊手。

3-4拍：右脚起原地踏步两次，身体对7点，目视1点，双手绕腕左手不变，右手胸前位。

5-6拍：重复（22）1-2拍的动作。

7-8拍：右起原地踏步2次，双手绕腕左手不变，右手胸前位，同时左转一圈。

（23）1-8拍：重复（22）的动作。

（24）1-7拍：双手胸前交叉至平摊位，脚下碎步向1点跑。

8拍：回身向7点，右手点左肩，左手后背手。

（25）1-2拍：右吸跳落至左膝跪地，双手打开至平摊位。

3-4拍：左手右点肩，右后背手，低头含胸。

5-6拍：胸前掏手，身体不变。

7-8拍：右单托帽，同时右脚打开旁点，坐膝保持跪地。

课外舞蹈赏析

维吾尔族民间舞蹈《掀起你的盖头来》

舞蹈形式： 群舞

舞蹈编导： 杨小玲、杨杉

演出团体： 武汉市第一聋哑学校

掀起你的盖头来

维吾尔族舞蹈与民间音乐结合得十分紧密，舞蹈的主要特点是身体各部位的动作要同眼神配合传情达意。通过动、静的结合和大、小动作的对比以及移颈、翻腕等装饰性动作的点缀，形成热情、豪放、稳重、细腻的风格韵味。舞蹈中，头、肩、腰、臂、肘、膝、脚都有动作，传神的眼神更具代表性。"动脖""弹指""翻腕"等一系列的小装饰，使维吾尔族舞蹈的特点更加鲜明。

思考与练习

1.网上查看维吾尔族舞蹈的相关理论知识、舞蹈视频和图片。

2.维吾尔族舞蹈的风格特点是什么？

3.学生自行分组，灵活运用维吾尔族舞蹈元素，创编维吾尔族儿童舞蹈。

拓展学习

维吾尔族舞蹈的特点

在维吾尔族舞蹈中，女性舞姿婀娜柔软，表现出静态的美感，男性舞蹈则粗犷有力，表现出豪放、勇敢的动态之美。自然地理环境对民族文化的发展产生了极大的影响，维吾尔族舞蹈动作受自然地理环境的影响形成了以下的特点。

1.舞蹈节奏的特点

维吾尔族舞蹈最突出的特点就是依据舞蹈音乐而形成的节拍，用不同的节拍动作表现强弱拍，舞蹈中经常使用的动作是手腕、三步一抬等，用抬脚的舞蹈动作表现强拍节奏，用脚落下但不立即抬起来的舞蹈动作表现弱拍。维吾尔族舞蹈节拍的特点就是强拍弱化、弱拍强化，以此突出维吾尔族特有的民族风情和民族韵味。

2.舞蹈造型的特点

在维吾尔族舞蹈造型中基本调动了身体的所有部位，甚至加入眼神来传达舞蹈中蕴含的深层次情感，抬头、挺胸、立腰造型贯穿于维吾尔族舞蹈的始终，使舞蹈动作自成一体，散而不乱，同时通过这些造型传达出民族昂扬向上、沉稳有力的民族精神外貌。

3.舞蹈技巧的特点

维吾尔族舞蹈在技巧上强调旋转法，该民族的旋转不同于其他民族，维吾尔族舞蹈中的旋转通过快速的旋转将舞蹈推向高潮，并在快速旋转中不断变化舞蹈造型，同时又能在快速旋转中使这种快速旋转的动作戛然而止。

第六节　傣族民间舞

傣族民间舞的风格特点是朴实、恬静、舒缓、自如、柔美、感情细腻。该舞蹈要求舞者身体及手臂的每个关节都保持弯曲，舞蹈姿态呈"三道弯"造型。孔雀舞是傣族典型的具有代表性的舞蹈，也是傣族人民审美特点的具体体现。同学们学习时重点掌握傣族舞蹈的基本体态。

一、傣族舞蹈的风格特点

傣族主要聚居在云南西双版纳自治州，美丽富饶的云南山美、水美、人更美，充满了如梦的歌声、如诗的舞蹈以及如梦如诗的风情。傣族舞蹈优美典雅，由纵、横"三道弯"的造型、慢蹲快起的起伏步，半脚尖步及平步，配合手臂各种动态所组成。学习傣族舞蹈要掌握基础训练的外部形态，牢记"刚柔相济、动静结合、以气带意、以意带情、情意互补、心形一致"的六句诀。"气"就是以呼吸带动内心的节奏韵律并形成外在的典型动作，"意"就是从民族的心理出发，将意念融入傣族民间舞中，"情"就是抒发该民族独特的情怀。在练习时强调气、意、情三者之间的相连和互补，从而达到心形一致的最佳境界。

傣族舞蹈的乐器以芒鼓（象脚鼓）、芒锣和镲为主，另有芦笙、葫芦丝等。

二、基础动作训练

（一）基本体态

应保持直立，气息下沉，下颏微收，目视前方。

1.纵向三道弯

（1）顺倒三道弯

上身与头向左旁顺倒，下颏微收，目视右侧。（图3-6-1）

（2）逆倒三道弯

上身向右平移，头自然松弛向左倾，眼睛看左侧。（图3-6-2）

2.横向三道弯

收胯提臂，上身微前倾，腆胸，后卷，压腰。（图3-6-3）

图3-6-1　顺倒三道弯　　　　图3-6-2　逆倒三道弯　　　　图3-6-3　横向三道弯

（二）基本脚位

1.正步

双脚自然并拢，脚尖朝前。（图3-6-4）

2.小八字

双脚跟靠拢，脚尖自然外开。（图3-6-5）

3.大八字

在小八字的基础上，一脚向旁迈出约一脚的距离，与肩同宽。（图3-6-6）

4. 踏步

在小八字位的基础上，右脚向左斜后方撤半步脚掌点地，双膝内侧相靠。（图3-6-7）

 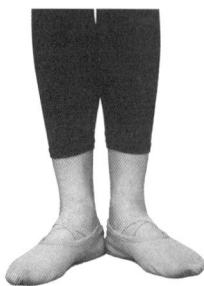  

图3-6-4　正步　　　　图3-6-5　小八字　　　　图3-6-6　大八字　　　　图3-6-7　踏步

5. 丁字步

小八字位站立，左脚放于右脚弓前约一拳距离。（图3-6-8）

6. 点步

（1）前点

小八字位站立，左脚放右脚前，脚掌点地。（图3-6-9）

（2）旁点

右丁字步站立，右脚向旁迈约一拳的距离，脚掌或脚跟着地，双膝略曲。（图3-6-10）

（3）后点

左丁字步站立，后脚向斜后方撤一拳距离，大脚趾内侧点地，双膝略存。（图3-6-11）

图3-6-8　丁字步　　　　图3-6-9　前点　　　　图3-6-10　旁点　　　　图3-6-11　后点

（三）基本手形

1. 掌

食指、中指、无名指、小指四指根下压，自然平伸，虎口打开，拇指内扣45°。（图3-6-12）

2. 孔雀手

在掌的基础上，食指第二关节处自然前曲，中指、无名指、小指扇形打开。（图3-6-13）

3. 孔雀嘴

在孔雀手的基础上，食指尖与拇指相合，向远延伸。（图3-6-14）

4. 半握拳

拇指打开，其余四指指根内扣，呈半握拳状。（图3-6-15）

图 3-6-12　掌

图 3-6-13　孔雀手

图 3-6-14　孔雀嘴

图 3-6-15　半握拳

（四）基本手姿

1. 按掌

孔雀手，腕部下压。（图 3-6-16）

2. 托掌

孔雀手，腕部上托。（图 3-6-17）

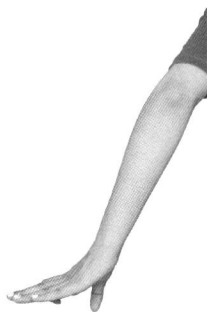
图 3-6-16　按掌

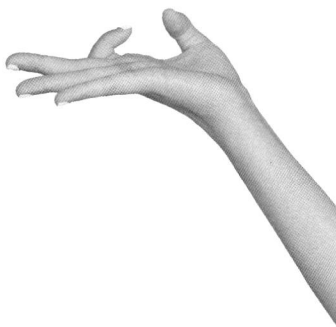
图 3-6-17　托掌

3. 立掌

腕部下压，指尖向上，见"掌"图。（图 3-6-12）

4. 领腕

腕部上提。（图 3-6-18）

5. 侧提腕

虎口上提，指尖向后下卷。（图 3-6-19）

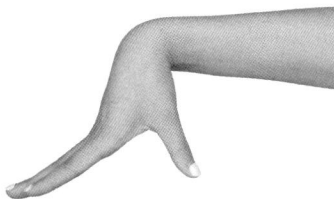
图 3-6-18　领腕

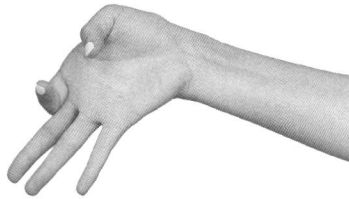
图 3-6-19　侧提腕

（五）基本手位

1. 胯旁叉手

双手按掌叉于大腿根处。（图 3-6-20）

2. 体前领腕

双手体前领腕，手背相对，相距约一拳距离，手臂呈一道弯。（图 3-6-21）

图 3-6-20　胯旁叉手　　　　　　　图 3-6-21　体前领腕

3. 斜上领腕

手臂自然伸直于斜上领腕。（图 3-6-22）

4. 顶上领腕

双臂在头顶上方约两拳距离领腕，呈三道弯。（图 3-6-23）

图 3-6-22　斜上领腕　　　　　　　图 3-6-23　顶上领腕

5. 平开立掌

双臂体旁平开自然平伸立掌，手臂齐肩平。（图 3-6-24）

6. 胸前交叉立掌

双手在胸前交叉立掌。（图 3-6-25）

图 3-6-24 平开立掌

图 3-6-25 胸前交叉立掌

7. 单展翅

左手在左胯旁约一拳距离按掌，右手在体旁侧斜下方垂肘立掌。（图 3-6-26）

8. 点肘侧提腕

一手在身体斜前侧提腕，一手立掌，手指点于另一手肘部。（图 3-6-27）

图 3-6-26 单展翅

图 3-6-27 点肘侧提腕

9. 望月手

双手虎口相对在体前斜上方圈回。（图 3-6-28）

10. 胸前头旁托按手

一手在胸前立掌推出，一手在头旁托掌，下颔探出。（图 3-6-29）

图 3-6-28　望月手

图 3-6-29　胸前头旁托按手

11. 开花手

双手内腕相对孔雀手、翘指。（图 3-6-30）

图 3-6-30　开花手

12. 体后侧合翅

双手后背于体后侧领腕，手背相对。（图 3-6-31）

13. 照影

一手头顶上领腕，一手平开架肘领腕。（图 3-6-32）

14. 倒叉腰

双肘后背，双手以掌按在胯后大拇指相对。

图 3-6-31 体后侧合翅

图 3-6-32 照影

（六）常用手臂动作

1. 准备手

准备：双跪坐，自然垂臂。

da- 双手体前提起，同时双架肘。

1- 收肘，双手腕部落于腰旁，半握拳。（图 3-6-33、图 3-6-34）

图 3-6-33 准备手 1

图 3-6-34 准备手 2

2. 推拉手

（1）单展翅推拉手

准备：自然垂臂。

da– 准备手。

1– 右手以手背横向向斜前方推出，肘心向上，左手体旁架肘半握拳。（图 3-6-35）

2– 右手以肘沿身体后拉，手腕至腰旁，左手胯旁按掌。（图 3-6-36）

图 3-6-35　单展翅推拉手 1　　　　　　　图 3-6-36　展翅推拉手 2

（2）平开斜上推拉手

准备：自然垂臂。

双手分别于平开、斜上同时推拉手。（图 3-6-37、图 3-6-38）

图 3-6-37　平开斜上推拉手 1　　　　　　图 3-6-38　平开斜上推拉手 2

（3）体前推拉手

准备：自然垂臂。

da- 双架肘，双手在胸前自然提腕。

1- 双肘下落，双手相对，以手背半握拳向体前推出。（图3-6-39）

图3-6-39　体前推拉手

da- 做准备da拍的动作。

2- 双手指尖相对，手心向体前推出。

（4）胯旁顶上推拉手

准备：左手胯旁按掌，右手顶上领腕。

1- 右手以掌上推，左手胯旁以腕上提至腋下。（图3-6-40）

图3-6-40　胯旁顶上推拉手

2– 右手以腕回拉至头旁，左手下按至胯旁。

（5）半握拳平开推手

准备：自然垂臂。

da– 双肘体旁架起，双手在腋前自然提腕。

1– 落肘同时半握拳以手背推出至平开。（图 3-6-41、图 3-6-42）

图 3-6-41　半握拳平开推手 1　　　　图 3-6-42　半握拳平开推手 2

3. 顶上掸手

准备：自然垂臂。

双手经体前曲臂手指带动顶上掸出。（图 3-6-43）

图 3-6-43　顶上掸手

4. 翻盖手

（1）体前翻盖手

准备：自然垂臂。

da- 双曲臂于胸前，左小臂在里。

1–2 拍：左小臂托掌外晃一圈。（图 3-6-44）

3–4 拍：左手按于右小臂外。

5–8 拍：做 1–4 拍相反动作。

（2）平开翻盖手

准备：自然垂臂。

双手于体旁平开交替划"8"字圆。（图 3-6-45）

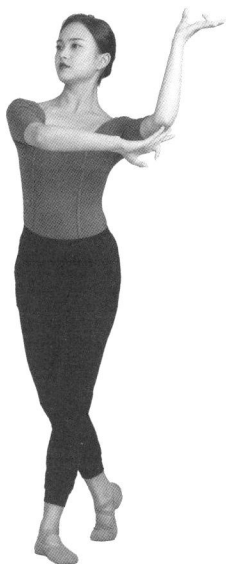

图 3-6-44　体前翻盖手　　　　图 3-6-45　平开翻盖手

三、傣族舞蹈组合

（一）起伏动律训练组合

起伏动律训练组合

动作说明

准备：身体对 1 点方向，小八字位站立，双手自然下垂，目视前方。

1–4 拍：双跪坐，双手叉腰，略夹肩。

（1）1–8 拍：双腿跪蹲起伏，八拍起伏一次，做一次。

（2）1–8 拍：重复（1）的动作。

（3）1-8拍：双腿跪蹲起伏，四拍起伏一次，做2次。

（4）1-6拍：双腿跪蹲起伏，二拍起伏一次，做3次。

　　　7-8拍：右脚起，旁点步，目视2点方向。

（5）1-8拍：旁点步起伏，四拍起伏一次，做2次。

（6）1-6拍：旁点步起伏，二拍起伏一次，做3次。

　　　7-8拍：左脚起旁点步，目视8点方向。

（7）1-8拍：旁点步起伏，四拍起伏一次，做2次。

（8）1-4拍：旁点步起伏，二拍起伏一次，做2次。

　　　5-6拍：旁点步起伏，一拍起伏一次，做2次。

　　　7-8拍：小八字位站立，双手叉腰，目视1点方向。

（二）步伐训练组合

步伐训练组合

动作说明

准备：身体对1点方向，小八字位站立，双手叉腰，略夹肩，目视前方。

（1）1-8拍：小八字位站立，原地起伏，二拍一次，做4次。

（2）1-8拍：正步起伏步，二拍一次，做4次。

（3）-（4）　正步起伏步，自转一周，二拍一次。

（5）1-8拍：向2点方向前进，丁字起伏步，二拍一次，做4次。

（6）1-8拍：向6点方向后退，前点起伏步，二拍一次，做4次。

（7）1-8拍：向8点方向前进，丁字起伏步，二拍一次，做4次。

（8）1-8拍：向4点方向后退，前点起伏步，二拍一次，做4次。

（9）-（10）　身体对1点方向，旁点起伏步前进。

（11）-（12）　　身体对1点方向，旁点起伏步后退。

（三）手位训练组合

手位训练组合

动作说明

准备：身体对1点方向，小八字位站立，双手自然下垂，目视1点方向，后两拍，双跪坐，双手叉腰。

（1）1-8拍： 二位领腕手，二拍起伏一次。

（2）1-8拍： 三位领腕手，二拍起伏一次。

（3）1-8拍： 七位推按掌，二拍起伏一次。

（4）1-8拍： 五位领腕手，二拍起伏一次。

（5）-（6） 四位领腕手，二拍起伏一次。

（7）-（8） 一七位按掌，二拍起伏一次。

（9）-（10） 推拉手，二拍起伏一次。

（11）1-8拍：五位推手，二拍起伏一次。

（12）1-8拍：二位托按点肘，一拍起伏一次。

（13）-（14） 七位打开成一三位领腕。

（15）1-8拍：双跪坐，双手收成叉腰结束。

（四）小跳训练组合

小跳训练组合

动作说明

准备：身体对1点方向，小八字位站立，双手自然下垂。

（1）1-8拍： 掖腿立跳，三位领腕手，二拍一次。

（2）-（3） 旁点步小跳与交换，一七位按掌。

（4）1-4拍： 顿错步后屈腿小跳，双手耳旁向下穿掌。

　　　5-8拍： 自转一周。

（5）1-8拍： 前屈腿蹭跳，一位领腕手。

（6）1-8拍： 顿错步后屈腿小跳，双手叉腰。

（7）1-8拍： 前点步小跳，七位手拉开至双手叉腰。

（8）1-4拍： 旁点步小跳，一七位按掌。

　　　5-8拍： 自转一周半蹲，右手叉腰，左手三位领腕手，目视8点方向上位。

（五）傣族儿童舞蹈《打水的姑娘》

打水的姑娘

教学提示

（1）作为表演性舞段要体现出傣族女孩既柔美又不失活泼的性格。

（2）快板动作灵巧有停顿。

（3）舞姿准确，动作形象生动。

动作说明

准备位置：3点方位，场外准备。体对5点，视4点斜下位，提裙手。

准备音乐：（散板音乐）保持准备位姿态。

（背景音乐提示犬吠）：保持准备位姿态，圆场向7点方向前进至场上，体对5点，左脚靠步，提裙手胯右靠，身体微左倾。

第一段

（1）1拍：　　双手胯旁提压腕1次，左脚向3点方位半蹲迈步。

　　　2拍：　　左臂旁平位微曲，掌形指尖上翘，右臂曲臂别于头后，视4点，同时右脚并步至踏步位，体对6点，左腿直立。

　　　3-4拍：　保持姿态。

　　　5-8拍：　保持姿态，颤膝4次。

（2）1拍：　　双手胯旁提压腕1次，右脚向7点方位半蹲迈步。

　　　2拍：　　转体对3点，胯旁勾手，身体前俯，展胸抬头，视3点，屈膝点步。

　　　3-4拍：　保持姿态。

　　　5-8拍：　保持姿态，颤膝4次。

（3）-（4）　转体对1点，重复（1）-（2）动作。

（5）1-4拍：　体对1点，左起勾踢步4次，双臂下位随身体前后摆动。

　　　5-8拍：　左单抱翅，同时右脚靠步，颤膝4次。

（6）1-4拍：　重复（5）1-4拍的相反动作。

　　　5-8拍：　体对2点，眼随手动，身体前俯，追鱼手经8点斜下位划至2点斜下位，同时颤膝4次。

（7）-（8）　重复（5）-（6）的动作。

间奏段

（9）1-4拍：　体对1点，双撩手。

　　　5-8拍：　经左转体至5点，双手掌形，指尖朝上打开至旁平位，小臂微曲，同时脚下半脚碎步，跑至5点方位。

第二段

（10）1-8拍：转体至1点方位，右脚勾抬步4次。

（11）1-4拍：体对2点方位斜下，身体前俯，左手经下弧线追鱼手至2点斜下位，同时右脚起跳向3点方位平脚碎跑。

　　　5拍：　　身体转至1点，视1点，左手掌形经3点方位撩手翻腕至单托手位，右手掌形落至按手位，头右倾，同时左脚向 3 点方位上至踏步半蹲。

6-8 拍：保持姿态，颤膝 3 次。

（12）-（13）重复（10）-（11）的相反动作。

（14）1-8 拍：重复（10）1-8 拍的动作。

（15）1-4 拍：重复（11）1-4 拍的动作。

5 拍：体对 2 点向 8 点方位留旁腰，头左倾，视 8 点，右单展翅，同时右脚向 4 点方位迈步至做靠步。

6-8 拍：保持姿态，颤膝 3 次。

（16）-（17）重复（14）-（15）的相反动作。

（18）1-4 拍：体对 1 点，撩水手。

5-8 拍：双手掌形，指尖朝上打开至旁平位，小臂微曲，同时脚下半脚碎步，跑至 1 点方位。

（19）1-4 拍：右勾抬步 2 次。

5-8 拍：左勾抬步 2 次。

（20）1-4 拍：重复（18）1-4 拍的动作。

5-8 拍：双手掌形，指尖朝上打开至旁平位，小臂微曲，同时脚下半脚碎步，经左转身跑至 5 点方位。

（21）1-8 拍：经左转体至 1 点重复（19）1-8 拍的动作。

（22）1-4 拍：重复（18）1-4 拍的动作。

5-8 拍：双手掌形，指尖朝上打开至体侧，小臂微曲，同时脚下半脚碎步，跑至 1 点方位。

（23）-（24）左手胯旁掌形按手，右手掌形旁平位托手，小臂微曲，右侧旁腰，仰头视正上位，左脚为主力推微曲，右脚旁点步旋转。

（25）1 拍：落至体对 7 点，双手掌形，右臂前平位小臂弯曲上翘，左臂拉至胯旁压腕，双膝半蹲，左脚半脚掌点地。

课外舞蹈赏析

《雀之灵》是傣族女子独舞。舞蹈家杨丽萍表演了一只洁白美丽的孔雀，迎着晨曦，踏着露珠，轻梳羽翅，随风起舞，舞姿表现了傣族人民企盼吉祥、和平、快乐的心声和对幸福生活的向往，塑造了高洁、纯真和富有生命激情的艺术形象。舞台上的孔雀是真、善、美的化身。该舞蹈在傣族民间舞基本动律的基础上予以发展和创新，充分运用了手臂、肩胸和头部的动作，突出了孔雀的生命活力，意境深远，具有很强的艺术魅力。

（）思考与练习

1.网上查看傣族舞蹈的相关理论知识、舞蹈视频和图片。

2.傣族舞蹈的风格特点是什么？

3.学生自行分组，灵活运用傣族舞蹈元素，创编傣族儿童舞蹈。

拓展学习

傣族舞蹈的种类

傣族是一个古老的民族，也是一个能歌善舞的民族。傣族舞蹈种类繁多，形式多样，流行面也很广，并各有特点，可分为自娱性、表演性和祭祀性三大类。

自娱性舞蹈有嘎光、象脚鼓舞、耶拉晖、喊半光等，其中最具代表性的是嘎光和象脚鼓舞。嘎光系傣语，嘎为跳或舞，光泛指鼓也有集拢、堆积的意思。嘎光可译为围着鼓跳舞，也可译为跳鼓舞。西双版纳称为凡光，有很多地方又叫跳摆、宁摆等。此舞是傣族最古老的舞蹈。嘎光以象脚鼓、镲等民族打击乐为伴奏，但有的地方，敲鼓、镲的人也参加舞蹈，并且带领众人围圈而舞。象脚鼓舞是自娱性兼表演性的男性舞蹈，是根据鼓的形状而取的名称，一般统称嘎光，但对长、中、小三种象脚鼓又各有名称。这种舞蹈以击象脚鼓舞蹈为主，用铓、镲伴奏也可鼓、镲对舞。喊半光是傣族古老的歌舞形式，流行于德宏地区的芒市、盈江等县。喊半光为德宏傣语，"喊"意为唱或是歌，"半"意为"跟着我"或"围绕着"，"光"即鼓，直译为"跟鼓唱的歌"。

表演性舞蹈有"孔雀舞""大象舞""鱼舞"等。最具代表性的是孔雀舞。孔雀舞在傣族舞蹈中是最具特点的表演性舞蹈，在德宏地区、西双版纳地区及景谷、孟连等县都有流传。孔雀舞，在德宏傣语为嘎洛永，在西双版纳傣语为凡糯永。表演时，舞者头戴宝塔形金冠及面具，身背孔雀架子道具，以象脚鼓、镲等乐器伴奏。表演分为独舞、双人舞、三人舞及歌舞剧等形式。

傣族祭祀性的舞蹈只在民族杂居区流传着几种。例如，元阳县的傣族村寨流传的祭祀鼓舞在祭祖活动时，以鼓为伴，舞者在祭台上边唱边舞，群众在台下自由舞动，动作较简单。

第四章

幼儿舞蹈创编

本章导入

　　幼儿舞蹈创编是幼儿舞蹈教学中的重要环节，应遵循幼儿的生理和心理特点。通过本章节的学习，学生可以了解和掌握幼儿舞蹈创编的原则和要求，尝试创作优秀的幼儿舞蹈作品，促进幼儿身心健康发展。

学习目标

1. 了解幼儿舞蹈的特点与分类。
2. 了解小班、中班、大班常用的幼儿基本舞步。
3. 掌握幼儿舞蹈创编的流程和技法，熟悉幼儿舞蹈创编的音乐选取与舞美运用。

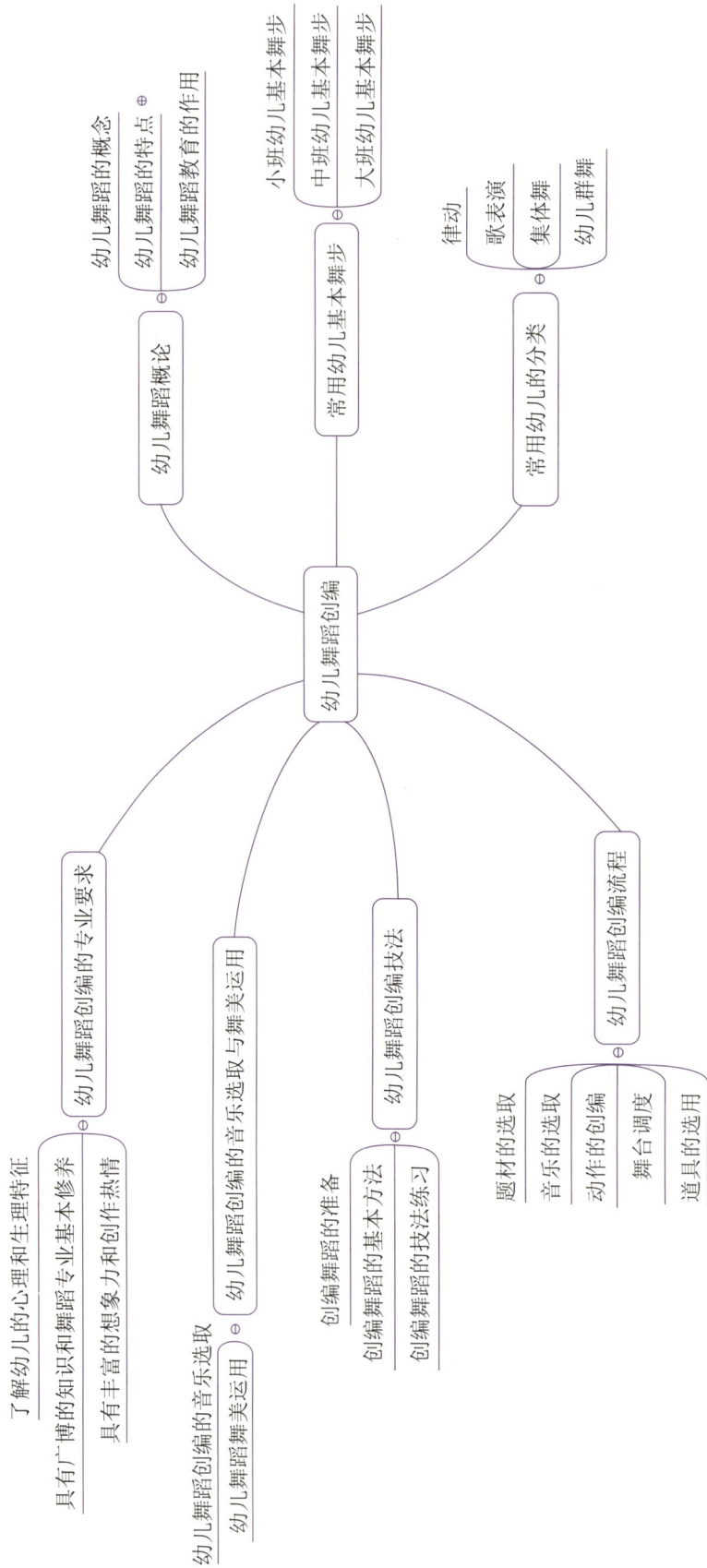

幼儿舞蹈创编

幼儿舞蹈概论 ⊖
- 幼儿舞蹈的概念
- 幼儿舞蹈的特点 ⊕
- 幼儿舞蹈教育的作用

常用幼儿基本舞步
- 小班幼儿基本舞步
- 中班幼儿基本舞步
- 大班幼儿基本舞步

常用幼儿的分类 ⊖
- 律动
- 歌表演
- 集体舞
- 幼儿群舞

幼儿舞蹈创编的专业要求 ⊖
- 了解幼儿的心理和生理特征
- 具有广博的知识和舞蹈专业基本修养
- 具有丰富的想象力和创作热情

幼儿舞蹈创编的音乐选取与舞美运用 ⊖
- 幼儿舞蹈创编的音乐选取
- 幼儿舞蹈舞美运用

幼儿舞蹈创编技法
- 创编舞蹈的准备
- 创编舞蹈的基本方法
- 创编舞蹈的技法练习

幼儿舞蹈创编流程 ⊖
- 题材的选取
- 音乐的选取
- 动作的创编
- 舞台调度
- 道具的选用

第一节　幼儿舞蹈概论

一、幼儿舞蹈的概念

　　幼儿舞蹈是指由幼儿表演、表现幼儿生活与情趣的舞蹈。幼儿舞蹈是对儿童进行德、智、体、美综合教育的重要手段。幼儿舞蹈的特点是简单易学、形象直观、活泼有趣、短小精悍。幼儿通过舞蹈学习，不仅能塑造健美的形体，促进身心健康发展，还能培养良好的审美能力，了解民族文化。

幼儿舞蹈概论

二、幼儿舞蹈的特点

　　幼儿舞蹈是对幼儿进行德、智、体、美全面发展教育的艺术形式。它应符合幼儿活泼、可爱、天真烂漫的性格特点，贴进幼儿的日常生活，形象生动，富有感染力，促进幼儿的身心健康发展。幼儿舞蹈主要有以下六个特点。

（一）游乐性

　　游戏性和娱乐性是幼儿舞蹈的一个重要特点，让孩子们觉得好玩、开心才能吸引幼儿的注意力和调动他们参与的兴趣，因此，在舞蹈的选材时，应选择幼儿熟悉和喜爱的、具有积极意义的、可以用舞蹈来表现的游戏生活内容。

（二）模仿性

　　幼儿的成长离不开模仿，从语言、行为以及情感的表达都是从模仿开始的。自然界小猫、小狗、小鸡、小鸭、小鱼、蝴蝶等小动物，都是他们模仿的对象，他们还经常模仿医生给布娃娃打针、给玩具洗澡等。正是这种模仿使幼儿舞蹈有更强的艺术感染力。

（三）纯真性

　　纯真性是幼儿舞蹈的另一个重要特点。幼儿舞蹈是展示幼儿心灵的窗口，也是幼儿表达情感的直接方式。纯真、稚嫩是幼儿情感和思想的特点，他们对事物的认识有自己的独特视角和思维方式，常会把一些无生命的玩具和物品看成有生命的伙伴。幼儿舞蹈的创编要站在幼儿的立场来观察世界，以幼儿的思想情感来对待客观事物，从日常生活中选材，或根据寓言故事、童话故事来选择舞蹈题材。

（四）幻想性

　　幻想是幼儿思维方式的明显特征，是个人愿望和社会的需要引起的特殊想象，也是反映现实生活的一种特殊手段。在舞蹈中他们想象自己是在天空飘荡的白云，是所向无敌的超人等。这种幻想既是儿童与万物交流的桥梁，又是夸张、变形、幽默、虚拟的重要手段。

（五）简单性

　　幼儿舞蹈的内容一定要通俗易懂。不需要深刻的内涵和高超的表演能力，只需要让幼儿把对生活的感受和对事物的认识在舞蹈作品中反映出来，展现自我风采。

（六）综合性

幼儿的生活是丰富多彩的，不同年龄段的幼儿有着不同的生理、心理特征和喜好，因此在选择舞蹈题材时就有了很大的余地。既可以选择易于被幼儿接受和幼儿有浓厚兴趣的内容作为舞蹈题材，也可用多种手段来反映幼儿的生活和情感世界。因此，综合性是幼儿舞蹈不可缺少的特点。

三、幼儿舞蹈教育的作用

（一）促进幼儿身心健康发展

舞蹈是以动作为重要表现手段的一种艺术，具有强身健体的作用。舞蹈训练使幼儿的骨骼肌肉、呼吸、神经和循环系统的生理机能得到锻炼，增强幼儿的体质和抵抗力，矫正幼儿端肩、驼背、小腿不直等不良体态，对幼儿的身体健康发展有着不可忽视的重要作用。

（二）促进幼儿动作协调和灵活性发展

幼儿舞蹈训练的目的是提高幼儿动作的协调性和灵活性。协调性是指全身肌肉群都能相互协调配合；灵活性是指迅速改变身体或肢体某些关节的位置和方向的能力。幼儿单一的动作发展比较早，而连贯的动作对神经系统的协调要求比较高，通过长期的舞蹈动作训练，幼儿的协调性和灵活性将会有很大的提高。

（三）促进幼儿良好的心理素质发展

幼儿在学习舞蹈的过程中会遇到一些困难和挫折，必须非常努力、持之以恒才能完成动作。这个过程锻炼了幼儿的意志力，增强了幼儿吃苦耐劳、不怕困难的决心。一个舞蹈需要多名幼儿共同完成，需要团队的默契配合才能表演好。舞蹈训练培养了幼儿团队合作能力，增强其集体荣誉感、与人沟通的能力，使幼儿克服自身的不足，树立自信心，养成活泼、开朗、自信、热情的性格。这种良好的心理素质的培养对以后的发展有着重要的作用。

（四）促进幼儿审美意识的发展

舞蹈教育是对幼儿进行教育的形式之一，具有认识美、感受美、表现美、创造美的功能。在学习过程中，在活泼、轻松的气氛里，通过优美的音乐旋律和舞蹈动作，培养幼儿积极、向上、健康的审美意识和审美能力，提高幼儿的艺术修养和气质。例如，民族民间舞的学习，能够让幼儿了解各民族人文风貌，激发幼儿爱国热情，在潜移默化中继承和发扬优秀传统民族文化。

思考与练习

1.幼儿舞蹈的定义是什么？

2.幼儿舞蹈有哪些特点？

3.幼儿舞蹈教育有哪些作用？

幼儿园小班律动《我有一双小小手》教案

活动目标

1.帮助幼儿随音乐的节奏做手部动作。

2.培养幼儿的韵律感和节奏感。

3.幼儿能够理解《我有一双小小手》儿歌内容,并且有感情地朗诵、背诵儿歌。

4.了解双手在日常生活中的作用。

活动准备

谜语、我有一双小小手多媒体课件。

活动重点

能有感情地朗读、背诵儿歌,并理解儿歌内容。

活动难点

帮助儿童随音乐的节奏进行拍手和做手部动作。

活动过程

一、开始活动

1.猜谜,说说小手

教师说谜语:十个小朋友,五个在左,五个在右,十个小朋友,你有我有大家都有。猜猜是什么?(手)

2.教师指导

分解动作:

(1)我们一起来拍拍手

(2)找个小朋友一起拍一拍

(3)我们一起把右手举起来,再把左手举起来

(4)左手摇一摇,右手摆一摆

组合动作:我的小手拍一拍,我的小手摆一摆,我的小手举起来,我的小手拍一拍,我的小手摆一摆,我的小手握起来。

3.听一听

(1)播放歌曲《我有一双小小手》

提问:竖起我们的小耳朵,听听儿歌里都说了什么?

(2)教师示范动作

(3)小朋友一起跟教师做动作

我有一双小小手,一共十个手指头。有了一双小小手,能洗脸来能漱口。会穿衣,会梳头,自己的事情自己做。

4. 做一做

（1）放歌曲《小手拍拍》

（2）教师示范动作

（3）幼儿跟教师一起做动作

小手拍拍，小手拍拍，手指伸出来啦。眼睛在哪里？眼睛在这里，用手指出来，用手指出来。小手拍拍，小手拍拍，手指伸出来，手指伸出来，嘴巴在哪里？嘴巴在这里，用手指出来。

（4）师生表演

二、活动延伸

请小朋友们把今天学的这首儿歌表演给爸爸和妈妈看看吧。

第二节　常用幼儿基本舞步

幼儿舞步的种类十分丰富。了解常见的幼儿舞蹈基本舞步，可以对幼儿舞蹈动作有一个直接的认识，并通过学习把基本舞步运用到舞蹈的教学与创作当中。我们根据小班、中班、大班幼儿的身心发展特点来进行基本舞步教学。

常用幼儿基本舞步

一、小班幼儿基本舞步

（一）走步

走步是随着节拍在原地或流动性地走，双臂随着身体前后或左右自然摆动的一种舞步。

（二）平脚小碎步

双膝放松、屈膝，两脚掌着地，快速交替行走，速度要均匀，一般用于比较活泼、欢快的舞蹈中。

（三）前进后退步

做进退步时要注意身体的上下起伏。

（四）平踏步

膝盖放松，微微弯曲，两脚交替原地踏步，踏地时全脚掌落地。平踏步可以用在模仿"开火车"的动作中。

（五）蹦跳步

两脚并立，身体稍向下蹲作准备，双脚蹬地向上跳起，在空中双腿绷脚伸直，然后双脚轻落地，膝盖弯曲。

二、中班幼儿基本舞步

（一）踵趾步

踵就是脚后跟，趾就是脚趾尖。第一拍右脚后跟向斜前方着地，左膝弯曲，身体向后稍微倾斜。

第二拍右脚脚尖向斜后方点地，左膝伸直，身体向前俯倾斜。

（二）小跑步

双手叉腰或自然摆动，步子应小而轻快，速度要均匀，可拉手小跑，也可独自小跑。小跑步可以用于队形的调度变化。

（三）小碎步

双脚并拢脚掌踮起，在立脚掌的姿态下左右交替快速移动。可以在模仿"蝴蝶飞"的动作中用到此动作。

（四）踮步

双腿自然弯曲，主力腿全脚掌踏地，动力腿的前脚掌在主力脚旁或脚后跟处踮地，另一脚随之离地，提抬身体重心，反复动作。

（五）旁移步

左腿膝盖稍弯曲，右腿膝盖伸直，勾脚向旁点准备。一二拍重心移到右腿上，左腿膝盖伸直，勾脚三四拍反方向。

（六）进退步

做进退步时要注意身体的上下要有起伏感。

（七）旁踢步

小八字位站立，左右腿交替向两旁勾脚踢步，同时配合头的动作。

（八）踏步走

左右腿交替吸腿，同时落地踏步走。

（九）踏跳步

踏跳步要表现轻盈，不用跳得很高，吸腿时脚背要绷紧，要有节奏地交替跳跃。

（十）猫跳步

第一拍左脚向前跳一步，同时右腿屈膝提起，第二拍右脚在左腿前向前跃一步落地。连续起来像猫跳一样。

三、大班幼儿基本舞步

（一）花样蹦跳步
蹦跳形式有单起双落（向前、向旁），双起单落（青蛙步、射燕跳）等。

（二）跑跳步
注意身体保持直立，动作要跟着节拍，跳下落地时是脚掌先落。

（三）错步
在做错步时重心保持在两腿中间，后脚赶、前腿推动，动作流畅平稳。

（四）十字步
双脚轮换交叉踩十字上的四个点，动作时上身随步伐自然扭动。

（五）滑步
滑步方向多变，可以单方向连续滑步，也可以相对方向交替进行。

（六）横追步

横追步强调空中并腿的舞姿，在空中有一个小停顿，脚下动作连贯流畅，上身平稳。

（七）铃铛步

铃铛步看起来很灵巧，形象和节奏像摇铃铛一样。

（八）赛马步

赛马步就是模仿骑马时的动作，可以用在编排蒙古族舞蹈动作里。

（九）摇步

右手叉腰，左手勒马式，双脚交叉站立，做脚的内外摇摆状。

（十）跑马步

上身微微向前倾，一手在胸前握空拳，一手在头顶上方做挥鞭样。可以用在编排蒙古族舞蹈动作里。

（十一）垫步

做垫步时身体要在保持直立的情况下，上下有起伏感。垫步可以用在幼儿新疆舞蹈动作中。

在学会了幼儿舞蹈的基本舞步后，我们要善于利用这些基本舞步去创编出更多独特、新颖的舞蹈动作语汇，熟练地把基本舞步组合应用在幼儿舞蹈的创作当中。

思考与练习

1. 小班幼儿基本舞步有哪些？

2. 中班幼儿基本舞步有哪些？

3. 大班幼儿基本舞步有哪些？

活动案例

幼儿园中班律动《头发肩膀膝盖脚》教案

活动目标

1. 感受利用身体部位表演律动的快乐。

2. 培养幼儿的韵律感和节奏感。

3. 幼儿能够理解《头发肩膀膝盖脚》的儿歌内容，并且有感情地朗诵、背诵儿歌。

活动难点

能按音乐节奏进行动作表演，做到不抢拍子。

活动重点

唱到什么歌词时，手就指到身体相应的部位。

活动准备

1. 教师准备音乐CD。

2. 小朋友熟悉歌曲中的身体各个部位。

活动过程

一、导入活动

1.教师放音乐，教师和小朋友们自由表演入教室坐好。

2.教师带幼儿唱歌。

二、新授课活动

1.学唱歌曲

教师和幼儿一起演唱歌曲，并启发幼儿边唱边表演，唱到哪个身体部位时，手就触摸哪里。

2.组织幼儿律动并尝试合作表演

（1）教师合音乐示范一次。

（2）教师边唱边拍一个幼儿相应的身体部位，引发幼儿合作律动的兴趣。

（3）教师和幼儿一起互动。

（4）鼓励幼儿找到同伴合作表演律动，要求能友好地拍同伴相应的身体部位。

（5）请幼儿分别单独表演，对表演好的幼儿提出表扬。

三、教师小结表演情况，结束活动

四、活动延伸

鼓励幼儿创编歌词与动作，启发幼儿想一想，还可以拍身体的什么部位，并提醒幼儿注意身体各部位的顺序性，要求边唱边做，做与唱要协调。

第三节　幼儿舞蹈的分类

一、律动

（一）概念

律动是人体根据音乐的性质、节拍、速度等变化，做不同的节奏性的动作，它带有一定的由音乐节奏所激发出的情感。幼儿律动是有韵律节奏的幼儿身体动作。律动是幼儿舞蹈最基本的组成部分，是幼儿表达个人情感的一种音乐舞蹈活动形式。幼儿律动创编可以单一地重复一个动作，也可以把几个动作组合在一起，要符合幼儿心理特点及动作发展的规律来进行。

幼儿舞蹈的分类

（二）特点

律动具有游戏性、表演性和反复性，是幼儿表达情绪的一个有效途径，深受幼儿喜爱。

（三）教育目的

律动旨在培养幼儿的模仿能力，培养幼儿对音乐的感受能力和审美能力，促进幼儿的感觉、知觉、记忆力、想象力、创造力等方面的发展。

（四）类型

幼儿律动分为行进律动、节奏律动、模仿律动和动作律动。

（五）幼儿律动的创编步骤

幼儿律动的创编包含四个步骤：（1）幼儿律动创编内容的选择；（2）选择合适的音乐；（3）动作的设计与编排；（4）选择合适的道具。

（六）幼儿律动创编的注意事项

在舞蹈动作的创编中，应注意：（1）动作与音乐形象要统一；（2）律动特点突出；（3）动作简单有趣，方便记忆；（4）适合幼儿的心理、生理特点与身体素质水平。

二、歌表演

（一）概念

幼儿歌表演就是在童谣、歌曲的演唱过程中配以简单形象的动作、舞姿、表情，表达歌词的内容和音乐形象。

（二）特点

幼儿歌表演以歌为主、动作为辅，动作表演与歌曲演唱融为一体、互为补充，动作简单直接，易学易记。

（三）教育目的

幼儿歌表演以唱为主、跳为辅，将二者融为一体，是一种载歌载舞的幼儿舞蹈形式。幼儿在歌唱中感受音乐、理解音乐、创编动作，接受美的熏陶。歌表演的教育目的：（1）帮助幼儿感受、理解和表达歌曲的内容和音乐形象，增强幼儿的记忆力、想象力和表现力；（2）培养幼儿动作的协调性和音乐节奏感；（3）提高幼儿的审美能力、培养良好的心理素质。

（四）幼儿歌表演创编的步骤

幼儿歌表演的创编一般包含三个步骤：（1）选择合适的音乐、分析理解歌曲；（2）创编主干动作及表演形式；（3）设计简单的队形。

（五）幼儿歌表演创编的注意事项

在歌表演和创编中，应注意：（1）选材形象鲜明、欢快活泼、富有童趣、积极向上；（2）舞蹈动作按照歌词的内容、音乐节奏的特点来设计，音乐形象统一、简单直接、易学易记；（3）舞蹈与幼儿生理、心理发展水平相符合；（4）队形变化简单，表演人数可多可少。

三、集体舞

（一）概念

幼儿集体舞是一种集体娱乐的歌舞形式，要求成双成对，参与人数不限，一般在短小歌曲或音乐伴奏下进行。幼儿在规定的位置、队形上做简单统一、相互配合或自由即兴的舞蹈动作，共同体验某种情绪，在交流情谊当中学习基本舞步和动作。

（二）特点

幼儿集体舞具有娱乐性、群众性、参与性的特点。集体舞结构简单，动作统一，轻松愉快，活泼健康，运动量适当，不仅有助于增强幼儿的集体观念、增进幼儿之间的团结和友谊，还有助于让幼儿获得运动和交流的快乐。

（三）教育目的

集体舞的教育目的主要体现在：

第一，培养社会交往意识及培养、发展社会交往能力，促进合作意识、团队意识的形成。

第二，使幼儿形成积极的生活态度，体会舞蹈的快乐。

第三，体会舞蹈的立体空间变化规律，增强幼儿对音乐、舞蹈动作以及队形结构中数学规律的敏感性，感受其独特的魅力。

第四，通过集体活动锻炼身体，促进身心健康。

（四）幼儿集体舞的类型

幼儿集体舞是在一定的队形上反复进行的舞蹈。集体舞的形式一般有以下几种。

1. 邀请舞

是由一个或者几个幼儿作为邀请者，邀请其他的小朋友一起舞蹈，并且在过程中与被邀者交换位置，在队形变化中舞蹈。

2. 表演舞

幼儿跟着音乐集体完成整齐统一的动作组合。

3. 游戏舞

在舞蹈中边跳边进行游戏。

4. 圈舞

也称为轮舞，大家围成圆圈一起跳舞，跳到最后错开一个位置轮换一个舞伴，然后继续舞蹈。

（五）幼儿集体舞创编的步骤

幼儿集体舞创编一般包含五个步骤：（1）选择题材；（2）选择音乐；（3）选择类型；（4）动作编排；（5）队形的设计与位置安排。

（六）幼儿集体舞创编的注意事项

在幼儿集体舞的编创中，应注意：（1）内容和形式要符合幼儿的心理和生理发展水平；（2）动作整齐、结构规整；（3）动作简单，结构单一，动作多使用重复；（4）内容活泼健康、轻松愉快。

四、幼儿群舞

（一）概念

幼儿群舞是通过群体舞蹈反映幼儿的生活、思想、情感的一种艺术表现形式。

（二）特点

幼儿群舞具有以下特点：（1）主题鲜明、结构简单；（2）舞蹈具有童真、童趣、童心，形象突出；（3）音乐节奏欢快，动作简单，多次反复；（4）舞蹈结构、队形简单易记；（5）舞蹈表演纯真可爱，与音乐风格统一。

（三）教育目的

幼儿群舞的教育目的主要体现在：（1）使幼儿在舞蹈中接受品德教育和审美教育；（2）增强幼儿对舞蹈的兴趣，促进其积极、健康、阳光的个性形成。

（四）幼儿群舞的类型

幼儿群舞主要有两种类型：情绪舞和情节舞。情绪舞是以鲜明、生动的舞蹈语言来抒发幼儿的思想感情，表达幼儿对生活的感受和认识，以强烈的情感来感染观众。情节舞是以情节、事件的发展来反映幼儿生活内容、表现幼儿的思想感情。

（五）幼儿群舞创编的步骤

幼儿群舞的创编主要包含四个步骤：（1）选择题材，确定主题；（2）选择音乐，设计舞蹈结构；（3）编排主干动作和衔接动作；（4）舞蹈构图与队形设计。

（六）幼儿群舞创编的注意事项

在幼儿群舞的创编中，应注意：（1）舞蹈的艺术性、技能性与幼儿的年龄、发展水平相统一；（2）突出舞蹈的趣味性；（3）音乐节奏鲜明、旋律流畅、形象生动、朗朗上口；（4）舞蹈动作简洁，时间不宜过长。

思考与练习

1. 幼儿舞蹈的分类有哪些？
2. 幼儿歌表演教育目的是什么？
3. 幼儿群舞的创编步骤有哪些？

活动案例

幼儿园大班动律《问候舞》教案

活动目标

1. 通过律动学习问候礼仪。
2. 学习问候舞并会交换舞伴与同伴打招呼。
3. 体验与同伴合作舞蹈时的快乐。

活动准备

教师准备《问候舞》音乐。

活动过程

一、欣赏音乐、感受乐曲

师：老师带来了一首好听的音乐，我们一起来听一听吧，小朋友们可以跟着音乐拍拍腿。

师：听了这个音乐，我觉得真开心，小朋友们感觉怎么样呢?

（幼儿自由讲述）

二、教师随音乐做动作，幼儿模仿

1.教师随音乐做动作，幼儿观察、学习（幼儿围成圈坐在地上）。

2.幼儿学习动作。

师：刚才我做了哪些动作?

3.完整做动作。

（1）教师哼唱音乐带幼儿一起完整做动作。

（2）听音乐一起做动作。

（3）纠正幼儿错误动作。

4.变换动作行进方向。

5.在点头时加入语言问好，可变换用英语、日语、韩语问好。

三、活动延伸

请小朋友们把今天学的《问候舞》跳给爸爸和妈妈看，并邀请爸爸妈妈一起跳。

第四节 幼儿舞蹈创编流程

一、题材的选取

幼儿舞蹈创编流程

题材的选择是幼儿舞蹈创编的一个重要环节。舞蹈的题材来源于生活，是现实生活的反映，也是一个舞蹈作品所要表现的主题内容。选择一个好的题材是创作优秀舞蹈作品的基础与前提。教师在选题材时要注意从幼儿童心童趣的角度去选择、跟随时代的潮流去选择、遵循寓教于乐的原则去选择。幼儿舞蹈的题材非常广泛，包括生活类、现实类、幻想类、自然类、文学与影视作品类等。幼儿教师要有宽广的知识、开阔的眼界、一双善于发现的眼睛，舞蹈题材的选取要主题鲜明、富有童趣，让幼儿从中得到情操的陶冶和思想的启迪。

二、音乐的选取

音乐是舞蹈的灵魂，有了好的音乐才有好的舞蹈作品，要选取悦耳动听、旋律优美、节奏感强，有趣味性和教育性、歌词通俗易懂、音域不宽、结构规整、多次反复，能启发幼儿的想象力，符合作品的意境和感觉的音乐。音乐和舞蹈是相互依托的，当两者融为一体、完美结合时，能给观众带来视觉与听觉上的完美享受。幼儿的想象是丰富生动的，当听到好听的音乐时，受音乐的感染，幼儿会不由自主地随着音乐舞蹈，模仿各种动作。

三、动作的创编

舞蹈的创编离不开动作的编排，一个好的舞蹈作品会让观众留下深刻的记忆，典型的动作语汇给观众强烈的视觉冲击力。教师要把自己融入角色中，在深入角色的基础上，提炼、创作舞蹈的典型动作语汇。幼儿舞蹈创编应符合幼儿的心理、生理特点，动作不需要很大的难度与技巧，不要过于烦琐，要简明、形象、直观，突出意境，在不同的位置、不同的方向进行不断的反复。模仿是幼儿的天性，在创作时要对模仿动作仔细地揣摩、研究、加工、提炼，也可对民族民间舞进行加工提炼，寻找适合幼儿跳的舞蹈动作。总之，动作一定要新鲜而不离奇，优美而不失真，简洁而不平淡，通俗而不生硬，健康活泼，有时代的气息，符合幼儿的审美情趣和接受能力。

四、舞台调度

舞蹈是要通过舞台传达给观众的，要合理充分运用舞台空间。幼儿舞蹈调度的编排要简单明了，不宜复杂。运用比较多的是横排、竖排、圆圈、八字形、三角形、梯形、方阵等，队形变换要自然流畅、线条清晰、合理有序。教师要灵活自如地运用舞蹈调度，丰富舞蹈画面，给观众留下美的视觉享受。

五、道具的选用

幼儿舞蹈一部分在表演时不需要使用道具，一部分舞蹈需要使用道具，在选择道具时应注意以下几点。

首先，选择的道具不宜过大、过重，动作编排不宜太复杂，能增加舞蹈的趣味性，增强舞蹈的表现力，但是不要妨碍幼儿做动作或移动，不要使幼儿因过度关注而游离于舞蹈之外，也不要有人身伤害的潜在危险。

其次，选择的道具不宜粗制滥造，也不宜过于讲究逼真，要能增加幼儿的美感，激发和丰富幼儿的想象、联想。可以向幼儿提供材料，让他们自己动手制作道具，发挥幼儿的想象力和动手能力。

最后，道具应尽量使用身边常见的，也可以是废旧物品。启发幼儿怎样利用它们，培养幼儿的审美意识和环保意识。

思考与练习

1. 幼儿舞蹈创编流程有哪些？

2. 幼儿舞蹈在选择道具时应注意哪几点？

幼儿园中班音乐律动说课稿

一、说内容

各位领导、老师：

大家好！今天我展示的课程是幼儿园中班音乐律动《理发店》。

二、说教材

首先，该内容形象鲜明突出，情节简单，充满童趣，容易引起儿童的学习兴趣。其次，贴近儿童的生活，儿童能够利用已有经验，增强学习过程的主动性。正如《纲要》所述：既符合儿童的兴趣和现有经验，又有助于形成符合教育目标的新经验；既贴近儿童的生活，又有助于拓展儿童的经验。根据教材的编排和本班儿童能力确定目标如下。

（1）回忆理发时的经历，体验生活中的快乐。

（2）创编表现理发师及顾客理发时的动作和表情。

（3）感受音乐的节奏，培养儿童的节奏感。

为使活动呈现趣味性、综合性、活动性，我做了如下活动准备。

（1）经验准备：学习歌曲《理发店》，准备相关话题的提问。

（2）物质准备：理发所需的各种工具（围布、剪刀、推子、刷子、洗发水、吹风机）。

（3）场地准备：将儿童座位摆放成双半圆，以便儿童分组表演。

三、说教学目标

1.与小朋友一起分角色进行表演，体验合作表演的快乐。

2.能根据歌词的内容、结合自己的生活经验，大胆创编与歌词相匹配的动作。

3.在表演的过程中，注意控制好自己的动作，不影响同伴。

四、说教学法

1.科学地教——发挥幼师主导作用。

活动中，我运用了情境教学法，引导儿童看一看、说一说、想一想、编一编、学一学、演一演，调动儿童多种感官的参与，为儿童提供自我感受、自我表现的机会。

2.有趣地学——尊重儿童的主体地位

活动中，运用游戏的形式，通过让儿童扮演不同的角色，模仿不同的动作，使学习活动变得丰富、有趣，调动儿童参与活动的主动性和积极性。

五、说教学过程

1.教师出示剪发工具，创设理发店的情景，引导小朋友们回忆自己参观理发店的经验。

2.教师与幼儿一起学习歌曲《理发店》。

3.教师引导小朋友们逐句地根据歌词创编动作。

理发店的叔叔阿姨用"推子剪刀咔嚓咔嚓"是什么样子的？剪好了头发时要为客人做什么？最后用小刷子是怎么样刷刷的？

4.幼儿随音乐完整地进行表演，教师提醒幼儿控制好自己的动作，不要影响他人。

5.教师启发幼儿分成顾客和理发师两种角色带着快乐的情绪随音乐进行表演。

理发师在为顾客理发时是什么心情？头发剪好时理发师和顾客的心情又是怎样的？

六、说教学总结

整节活动中儿童的参与性很强，能跟着我积极模仿理发师的神韵和动作，并且快乐地学唱歌曲。活动中，我安排了一些表演内容，这样能满足儿童的身心需要，使他们在游戏情景中熟悉歌曲旋律、理解歌词内容。

尽管活动在一些细节上还有完善的余地，但是小朋友们并没有因此而失去参与活动的兴趣，很投入地配合着我，师生互动显得很自然。

教材上有一套歌表演的动作，我根据生活经验，做了略微的调整，并加入了舞蹈的元素，同时，我也鼓励儿童根据自己的实际观察和在游戏中积累的经验创编动作，把自己的想法融入动作中，和大家分享。

第五节　幼儿舞蹈创编技法

舞蹈语言是由动作组成的，编导在确定了题材和主题思想之后，进行组织、加工和编排。编舞的基本方法和技法是舞蹈编导的核心技术，掌握了这一核心技术才能创作出优秀的舞蹈作品。

幼儿舞蹈创编技法

一、创编舞蹈的准备

舞蹈的动作来源，一是来源于生活，二是来源于古今中外的舞蹈素材。素材是创作的材料，要根据舞蹈的主题、内容、人物的需要去提炼雕琢。创编舞蹈需要注意以下四个方面。

（一）情感决定动作

舞蹈动作的设计要服从人物的情感和行为逻辑，要顾及人物此时此地的心境。首先要清楚舞蹈要表现的人物具备怎样的感情和性格。然后按舞蹈的结构设计出人物的心情和动作。引导演员进入角色，让作品中的人物在自己的身上活起来，塑造舞蹈形象。

（二）动作的典型性

人有喜、怒、哀、惧、爱、恶等各种感情，舞蹈动作首先要清楚表达人物的感情，突出人物的性格。动作的典型性是舞蹈成功的要点，动作的个性越强，越能表现人物的性格特征及民族风采。

（三）舞蹈的意境

舞蹈作品的意境是把主题思想转化为诗情画意的艺术构思，是情和意、景和境的统一。舞蹈的动作不在于复杂与简单，关键是要突出意境。意境是要表现的大局，创编要从大局着眼，从动作着手，然后围绕意境去考虑动作。

（四）舞蹈的主题动作

主题动作一般是指最能体现人物个性和感情并具有经典意义的动作。它在舞蹈作品中反复地出现并加以发展，给人深刻的印象。抓住了人物或舞蹈的性格特征，就抓住了形象的本质，编导的任务就是要将这种性格体现在所创编的舞蹈中。动作组合要编排得生动、流畅、感人，一般应少而精，具备典型性。

舞蹈是既是空间又是时间的艺术，在创编时要注意以下几点。

1. 要有对比的变化

时间——包括节奏上的快与慢、强与弱、延长与短暂等。

空间——包括造型上的大与小、高与矮、方与圆、放与收、动与静等。

力度——就是动作的"劲儿""法儿"，包括力度的强与弱、收与放等。

这些对比的变化是人物内心情感上的促使，对比性的动作加大了情绪变化的起伏，使人物性格显得更加鲜明、突出，作品更加生动。

2. 主题动作的重复、再现

为了让舞蹈形象和意境给观众留下深刻的印象，再现手法是不可或缺的。主题动作在不同的段落、不同的情节、不同的节奏、不同的意境、开头和结尾变换出现、反复出现。

二、创编舞蹈的基本方法

通过创编组织舞蹈语言，使动作充满美的含义，如果说核心动作是动机，那么舞句是动机的延续，舞段是舞句的发展。舞蹈创编主要有以下几种方法。

（一）重复

重复是组合舞蹈语言最原始最简便的方法，其目的是保留视觉的延续性。在舞蹈的视觉效果中，重复就是力量，重复具有加深印象、强化印象、增加表现力的作用。为了使舞蹈形象和"意境"让观众印象深刻，重复、再现的手法是动作创编的常用技法。重复，可以用不同的手法来在舞蹈作品中体现，既可以把要重复的主题动作始终贯穿，也可以在开头和结尾的时候运用同一组动作或者意境，做到头尾互相呼应，还可以根据不同的意境把主体动作变化不同的节奏重复。懂得了重复动作的方法，就找到了编舞的钥匙。重复有以下十二种常见方法。

1. 单一重复

这是指一个动作、一个姿态、一个步法、一个技巧的重复。

2. 组合重复

这是指两个以上的动作组合后的重复。

3. 舞句重复

这是指两个八拍的动作组合所形成的一个舞句的重复。

4. 舞段重复

这是指四个八拍的动作舞句形成的一个舞段的重复。

5. 不间断重复

这是指连续重复一组或一个动作。

6. 间断重复

这是指再现重复主题动作或核心组合。

7. 完全重复

这是指不做任何改变的原样重复。

8. 不完全重复

一是改头重复，即一组动作中改变第一个动作的重复；二是改尾重复，即一组动作中改变最后一个动作的重复。

9. 节奏重复

这是指重复有特殊性节奏型的动作。

10. 省略重复

这是指重复一组动作时，重复主要动作，省略次要动作。

11. 扩充重复

这是指在一组动作中的某一个动作重复两次或三次。

12. 加花重复

这是指一组动作在重复中加进新动作进行重复。

（二）对比

对比是将舞蹈中对立的两个方面放在一起做比较，以利于突出特征，加强艺术效果和感染力。对比有长短、高低、大小、快慢、强弱、动静等各种方式。在创编舞蹈中经常会用到对比。它可以达到一定的视觉效果，也可以表达情感上的变化。运用对比的方法我们可以突出舞蹈的表现力、加深作品的感染力，也能使幼儿在学习舞蹈时感到新鲜，产生学习的兴趣。对比有以下八种方法。

1. 美感对比

美感对比包括刚与柔、内在与外在、动与静，单纯与复杂，虚与实、灵与拙、朴素与华丽、庄严与轻飘、喜与悲等美的对比。

2. 力度对比

力度对比包括轻与重、强与弱的对比。

3. 速度对比

速度对比包括快与慢、疾与徐的对比。

4. 幅度对比

幅度对比包括大与小，长与短、宽与窄、深与浅、薄与厚、高与低的对比。

5. 方向对比

方向对比包括上与下、左与右、前与后、横与竖、斜与正、平与立、顺与逆、正与反、分与合的对比。

6. 线形对比

线形对比包括点与线、面与体、方与长、圆与直、角与块、整齐与凌乱的对比。

7. 密度对比

密度对比包括单与复、多与寡、收与放、聚与散、密与稀的对比。

8. 光色对比

光色对比包括明与暗、冷与暖、清与混、浓与淡的对比。

（三）夸张

夸张是生活元素的一种提炼与升华，意图将生活里的事物呈现的感觉与反应扩大化。美学家朱彤曾经说过："只有通过虚构进行夸张，才能创造艺术美。"夸张是幼儿语言的特点，是儿童舞蹈表演中一个重要的元素。运用夸张的表现手法能让观众从视觉中获得清晰的表情信息。当然夸张不是无限度的随意夸张，而是根植于艺术原型，又不失艺术原型中精气神韵的有限夸张。作为舞蹈编导，我们要学会巧妙地把握住夸张的 "度"，合理地运用夸张这个表现手法，抓住夸张的准确性，这样才能更好地表现出所要塑造的艺术形象。

（四）平衡

平衡是消除模糊性和不对称性的一种手段，也是表现清晰明了的一种手段，平衡本身是人们内心的一种天然需求，使人产生愉快的内心感受。舞蹈是关于美的肢体艺术，平衡是不可或缺的。平衡在舞蹈中可分为两大类，即对称平衡和自然平衡。

1. 对称平衡

对称平衡是指在以身体或舞台为中心的左右、上下、前后的舞蹈动作中，画面、构图、方向及数量的对称。

2. 自然平衡

自然平衡通常指日常生活状态下所产生的平衡，在舞蹈中体现的是舞蹈动作顺序的自然与流畅。自然平衡可分序比均衡和运动平衡，序比均衡是指顺序与比例的自然均衡，即舞蹈队形、动作及画面的排序顺畅，衔接自然，动作幅度的大小、动作数量的多少、节奏的强弱快慢达到均衡；运动平衡是指在动作运动变化中，多种因素间复杂多变的动态平衡，舞蹈动作运动经过精心安排而不显人工痕迹，达到高度的自然形态。

（五）复合

复合是动作、动作组合、构图等多种方法的组合，是舞蹈组合向高度、复杂、细密、立体交响的发展。复合的方法主要有以下几种。

1. 并列

这是指两个及两个以上的人在同一层面上做同一个动作。

2. 分列

这是指两个人在不同的层面上做同一个动作。

3. 重叠

这是指多个人在同一层面上或多个层面上做同一组动作。

4. 连续

这是指前一个人做完的动作，后面的一个人继续做。

5. 递增

这是指从人数上由一个人至多个人依次增加。

6. 轮作

这是指一个动作或一组动作，当一个人重复做时，在时间上晚两拍或四拍形成节奏的错位，并依次顺延至多个人的重复进行。

（六）比拟

比拟方法主要有以下四种。

1. 模拟

这是指舞蹈活动以人体动作模仿其他事物形象。

2. 虚拟

这是指无实物的象征。

3. 比喻

这是指以形象甲比拟形象乙。

4. 象征

这是指以某种形象代表某种思想。

三、创编舞蹈的技法练习

（一）动作分解、变化的基本练习

选一个原始动作，进行动态、动速、动律、动力变化的练习。其练习方法如下：

第一，动作方向变化的练习。

第二，改变运动结构、顺序（如将 abcd 改变为 bacd）或者动作重新组合、分化（如将动作 abcd 改为 aacacb）的练习。

第三，改变速度、力量（力度与感性的变化）的练习。

第四，空间变化的练习。

第五，动作行进方向变化的练习。

（二）舞句练习

用音乐短句配合练习，按照动作发展、变化的原理，将素材动作有机地组成一个短句。

（三）舞段练习

用一段音乐，按照音乐情绪将主题动作发展、延伸，编排一段舞蹈。

（四）单二部曲式编舞练习

单二部曲式（二段体）由 A+B 两段组成，A、B 段在编舞过程中要形成一种情绪、节奏和动作上的对比与反差，从而达到进一步吸引观众、烘托主题的目的。

（五）单三部曲式编舞练习

单三部曲式（三段体）由 A+B+A 三段组成，编舞中要注意 A 段主题陈述，B 段对比展开，接着是 A 段第一部分的完全再现或变化再现。

（六）调度练习

编舞调度中，舞蹈流动及画面构成的走向一般有直线调度、斜线调度、曲线调度，群舞还有突聚突散、突聚缓散、缓聚突散等方式。

思考与练习

1.幼儿舞蹈创编的准备有哪些?

2.幼儿舞蹈创编的基本方法有哪些?

拓展学习

幼儿舞蹈兴趣的培养方法

1.创设良好的场地环境，提高幼儿的艺术感悟力

在教室里张贴优秀的舞蹈演员和表演场景图，展示孩子们在舞蹈表演中的精彩图片，这种行为给舞蹈教室营造了积极的氛围，刺激了孩子的表演和模仿的兴趣。凭借环境对人的影响悄无声息地向孩子们传递开展舞蹈学习的乐趣，从另一个角度对孩子们进行艺术熏陶。

2.调动幼儿学习的积极性

兴趣是指一个人积极探究某事物及爱好某种活动的心理倾向。它反映了人对客观事物的选择性态度，是推动人们认识事物或从事活动的重要动机。教师要在舞蹈的教育过程中不断激发和维持学生的兴趣，教导他们以苦为乐、积极主动地投入学习训练当中。

从教育心理学角度来说，兴趣可以使人对某一门技术产生探索的欲望，进而想要去深入了解，也就是我们所说的兴趣是最好的老师。在孩子学舞蹈的过程当中，仅凭喜爱和兴趣是不够的，还要踏踏实实地理解和掌握舞蹈技术技巧。这就要求教师在舞蹈课堂教学过程中调动学生学习舞蹈的兴趣，让学生充分参与训练。

3.注重舞蹈选材的趣味性

幼儿喜欢探索自己喜爱的事物，教师在教育过程中要选择有吸引力的教学内容，从儿童的视角出发，去感受一切事物，力求与学生保持高度的一致性，这样才能使舞蹈作品以及其教学过程变得更加轻松、更受认可。在教学活动中，要开发促进学生学习舞蹈的兴趣和恒心，将教学过程变得轻松自在、富含乐趣，在这个基础上推动学生学习的自主性，并对舞蹈教学水平精益求精。

比如民族民间舞一级中的小熊舞，和别的舞蹈相比，幼儿更喜欢这种边讲故事边跳的舞蹈。

姚明君

第六节 幼儿舞蹈创编的音乐选取与舞美运用

一、幼儿舞蹈创编的音乐选取

音乐和舞蹈是息息相关的。用音乐我们可以烘托舞蹈作品，也可以提升舞蹈作品的感情。吴祖强先生在《舞蹈的音乐结构及其他》一文中曾提及，舞蹈和音乐的任务是共同努力通过塑造鲜明、有说服力的形象来展示企图表现的内容。从总的方面来看，舞蹈音乐的最大特点应该是能尽力帮助舞蹈形象的塑造和确立，丰富舞蹈形象，加强舞蹈形象的感染力。

幼儿舞蹈创编的音乐
选取与舞美运用

音乐是舞蹈创编的基础，编导应深入理解音乐，使音乐形象与舞蹈形象融为一体，根据音乐的旋律创造出"舞蹈的旋律"，依据独特的节奏产生独特的、性格化的舞蹈动作。舞蹈要伴随音乐而跌宕起伏，音乐的曲式结构要体现在舞蹈结构中。

舞蹈和音乐犹如一对孪生姐妹般形影不离。音乐是舞蹈的精神内核，舞蹈是音乐的外在表现，两者相辅相成、密不可分。在幼儿舞蹈音乐的选择上，我们需要注意以下几点。

第一，选择节奏感强、强弱分明的音乐。

第二，选择简洁易记、朗朗上口的音乐。

第三，选择旋律性强、最好带歌词的音乐。

第四，选择形象感强、有情趣的音乐。

第五，选择童真童趣、活泼明快的音乐。

获取幼儿舞蹈音乐的几种方法：

第一，根据作品的需要创作音乐。

第二，选用现有的儿童歌曲。

第三，在诸多音乐素材中根据作品的需要剪辑音乐。

上述方法需要幼儿舞蹈编导在平时尽可能多、尽可能广地积累各种风格、各种品种的音乐资料，积累越多，选择范围就越大。

总之，音乐和舞蹈是相互依存的关系，他们融为一体，当两者完美结合时，就可以为观众带来视觉与听觉上的完美享受，作为一名编导只有把握这两者相结合的平衡点，才能创造出生动的舞蹈作品。

二、幼儿舞蹈创编的舞美运用

舞蹈是一门综合性的舞台表演艺术，在舞蹈作品中，人们看到、听到、感觉到的动作、表演、色彩、灯光、声音以及服饰、道具、布景等共同构成了舞台的客观物质环境。舞台美术是舞蹈艺术非常重要的手段之一，它对烘托表演、说明时代环境、渲染气氛、揭示思想、介绍人物以及推动舞蹈情节发展起着不可忽视的作用。因此，幼儿舞蹈编导，也需要具备舞美方面的知识。幼儿舞蹈虽不同于成人舞蹈，结构短小、情节较简单，但同样离不开舞美的设计和烘托。幼儿舞蹈要贴近幼儿，因为孩子们好奇心强、兴趣广泛、注意力不集中。只有设计有创造力的舞台空间和有想象力的舞台视觉形象，才能吸引住孩子。

在设计幼儿舞台美术时应注意以下问题。

第一，在灯光方面，幼儿舞蹈就像一朵鲜艳的花朵，充满了生机和活力，孩子们在舞蹈中尽情地发挥着童真童趣。因此，对于灯光的设计最好突出色彩上的明度和丰富变化，这样更能体现孩子们的想象力。灯光的设计是为了更好地表现作品，不应脱离舞蹈所要求的基本情调，应突出对舞蹈中情节、童趣的渲染和处理，做到以舞为主、以灯光为辅。

第二，服装应围绕舞蹈主题和风格而设计。款式简洁，便于幼儿穿脱；颜色亮丽，吸引幼儿眼球；风格突出，搭配和谐，满足幼儿欣赏欲望。

第三，道具选择上，首先应符合作品要求，能为作品添彩增色。其次，要安全好用，便于幼儿边做动作边舞道具，避免安全隐患。最后，最好选用充满想象力的道具，既能一物多用，又满足了幼儿的好奇心，提高幼儿跳舞和观舞的兴趣。力争把道具用得巧、用得妙，最好达到形式与内容的完美统一。

第四，在布景方面，要做到为舞蹈服务。布景要衬托出舞蹈所要交代的场景、环境和气氛。在空间上的处理要为舞蹈创造灵活应变的舞台支点，开辟足够的活动空间。布景的设计在幼儿舞蹈中越来越被重视，应突出舞蹈主题，尽量创造充满梦幻而奇异的舞台环境和艺术造型，起到画龙点睛之作用，引领幼儿走进属于自己的童话世界。

总之，舞台美术是一门综合艺术，是舞蹈创作中的一个重要组成部分，它既能创造艺术的个性又能充分调动自己的积极性，为舞台整体创造服务。想象力在舞台美术设计中是十分重要的，因为孩子们好奇心强、兴趣广泛、注意力很容易转移，只有设计有创造力的舞台空间，组织有想象力的舞台视觉形象，使舞台的每一个角落既神奇又充满梦幻，才能吸引住孩子。总之，幼儿舞蹈要贴近她们，舞台美术起着关键的作用，它能为舞台增添千变万化的色彩，增大创造的空间，也张扬和强化着舞台艺术的整体魅力。

思考与练习

1. 在幼儿舞蹈音乐的选择上，应注意哪几点？
2. 获取幼儿舞蹈音乐有哪几种方法？
3. 在设计幼儿舞台美术时应注意哪几个问题？

第七节　幼儿舞蹈创编的专业要求

一、了解幼儿的心理和生理特征

幼儿舞蹈教师要观察并了解幼儿的性格和爱好。好动、好奇、爱玩、爱幻想是幼儿的普遍心理特征，教师应根据幼儿的心理和生理特征来创编幼儿舞蹈，否则难以引起幼儿的共鸣。幼儿对周围的事物充满了好奇，希望去认识这个五彩缤纷的世界，教师可以把自己融入幼儿眼中的世界，用舞蹈艺术满足他们乐于模仿的心理需求，使舞蹈作品富有童趣性。

幼儿舞蹈创编的
专业要求

幼儿骨骼较软，容易疲劳，平衡能力、控制能力、节奏感都比较差。这就要求教师编排的动作节奏欢快、短促有力、动作舒展、表现幼儿活泼可爱的一面，防止动作过于成人化，根据不同阶段的幼儿生理特征因材施教，培养幼儿对舞蹈艺术的爱好。

二、具有广博的知识和舞蹈专业基本修养

幼儿教师不仅要了解幼儿的心理和生理知识，掌握舞蹈专业教学能力，如芭蕾舞、古典舞、民族民间舞、舞蹈编导常识、幼儿舞蹈等，还要系统地学习各种基础理论知识，如音乐、美术、文学、戏剧等与舞蹈艺术相关联的各门类艺术。对于一名幼儿教师来说，学习积累丰富的舞蹈素材尤为重要，要长期进行并持之以恒，只有不断地学习才能提高自身的内涵，使自己拥有一个丰富的舞蹈宝库。舞蹈来源于生活，教师要有发现美的眼睛和对素材进行提炼、加工、再创作的能力，不断吸纳新的知识，跟上时代的发展，创作出反映儿童现实生活的舞蹈作品。

三、具有丰富的想象力和创作热情

爱幻想是每个幼儿与生俱来的特点，他们好奇、好问、好猜想。在幼儿眼里，周围的一切都是有生命的：星星会眨眼，太阳公公会微笑，小鸟会唱歌，洋娃娃会跳舞，身边的物品都会吃饭、睡觉等。幼儿的想象力丰富多彩，幼儿舞蹈的创作和想象力紧密联系在一起，丰富的想象力来源于生活，幼儿教师要走进幼儿的想象空间，放飞想象的翅膀自由翱翔，创作出生动可爱且富有童心、童真、童趣的优秀幼儿舞蹈作品。

把幼儿生活提炼、加工创作成艺术品，需要对生活、对艺术的热情和激情来推动。丰富的想象力和创作热情对于幼儿教师来说极其重要。

课外舞蹈赏析

儿童舞蹈《彝山妹子》

舞蹈形式：群舞

舞蹈编导：杨小玲、邹丽华

演出团体：武汉市第一聋哑学校

白云躲在蓝天的怀抱，溪水躺在大山的臂弯，彝山小丫无拘无束、尽情嬉戏，矮步顿足、跳步搓脚；拍手、折腿、扭胯，好不快活，红扑扑的小脸闪耀着幸福的光芒，欢乐的笑声响彻山涧。

儿童戏曲舞蹈《霞衣凤冠俏花旦》

舞蹈形式：群舞

舞蹈编导：杨小玲、程琳、杨杉

演出团体：武汉市第一聋哑学校

戏曲，既平常而又神秘的艺术，生旦净末丑的风韵，唱念坐打的绝妙，诉说着中华传统文化的深邃，看这十三个小小的俏花旦，她们精致俏皮、顾盼神飞，一板一眼，举手投足洋溢着青春活力和对中华传统艺术的无限深情，霞衣凤冠间演绎出别样的精彩童年。

霞衣凤冠俏花旦

思考与练习

幼儿舞蹈创编的专业要求有哪些？

主要参考书目

［1］曹锦荣 . 2004. 芭蕾舞［M］. 北京：文化艺术出版社 .

［2］董立言，刘振远 . 1995. 舞蹈［M］. 北京：高等教育出版社 .

［3］贺勇 . 2017. 舞蹈技巧训练教程［M］. 重庆：西南师范大学出版社 .

［4］贾安林，钟宁 . 2004. 中国民族民间舞初级教程［M］. 上海：上海音乐出版社 .

［5］贾美那 . 2004. 中国民族民间舞［M］. 北京：文化艺术出版社 .

［6］李晴晴 . 2017. 舞蹈与幼儿舞蹈创编［M］. 长春：东北师范大学出版社 .

［7］李志华 . 2004. 中国舞蹈武功技巧［M］. 北京：文化艺术出版社 .

［8］隆荫培，徐尔充，欧建平 . 2001. 舞蹈知识手册［M］. 上海：上海音乐出版社 .

［9］隆荫培，徐尔充 . 1997. 舞蹈艺术概论［M］. 上海：上海音乐出版社 .

［10］潘志涛 . 2001. 中国民间舞教材与教法［M］. 上海：上海音乐出版社 .

［11］沈元敏 . 2004. 中国古典舞［M］. 北京：文化艺术出版社 .

［12］沈元敏 . 2004. 中国古典舞基本功训练教学法［M］. 上海：上海音乐出版社 .

［13］唐满城、金浩 . 2006. 中国古典舞身韵教学法［M］. 上海：上海音乐出版社 .

［14］王印英 . 2011. 舞蹈［M］. 北京：高等教育出版社 .

［15］徐丽红 . 2013. 舞蹈［M］. 上海：上海音乐学院出版社 .

［16］徐文霞 . 2014. 舞蹈基础与幼儿舞蹈创编［M］. 郑州：郑州大学出版社 .

［17］杨凤琴，郭春敏，柳文杰 . 2017. 舞蹈基本功训练教学法［M］. 重庆：西南师范大学出版社 .

［18］杨秀敏 . 2012. 舞蹈基础［M］. 上海：上海音乐学院出版社 .

［19］张彤 . 2015. 舞蹈［M］. 武汉：华中师范大学出版社 .

［20］张屹，杨秀敏，吴雪梅 . 2012. 舞蹈基础［M］. 北京：北京师范大学出版社 .

［21］郑慧慧 . 2004. 芭蕾基础训练及教学法［M］. 上海：上海音乐出版社 .

［22］钟宁 . 2014. 中国民族民间舞中级教程［M］. 上海：上海音乐出版社 .

［23］邹琳玲，许乐乐 . 2015. 舞蹈基础与幼儿舞蹈［M］. 北京：高等教育出版社 .